RÈGLES

DE LA

SOCIÉTÉ EN COMMANDITE

PAR ACTIONS

THÈSE

POUR LE DOCTORAT

SOUTENUE DEVANT LA FACULTÉ DE DROIT DE PARIS

LE 27 AOUT 1857

Par Marie-Auguste **FROUART**.

PARIS

IMPRIMERIE DE W. REMQUET ET Cie.

Rue Garancière, 5.

1857

RÈGLES

DE LA

SOCIÉTÉ EN COMMANDITE

PAR ACTIONS.

Président :   M. BONNIER,

Suffragants :   { M. PELLAT,
                  M. DE VALROGER,   } Professeurs.
                  M. VUATRIN,
                  M. RATAUD,   Suppléant.

(C.)

RÈGLES

DE LA

SOCIÉTÉ EN COMMANDITE

PAR ACTIONS

D'APRÈS

Le titre Pro socio au Digeste. — Le Code Napoléon. — Le Code de Commerce. — La loi du 17 Juillet 1856 sur les Sociétés en commandite par actions. — La loi du même jour sur l'arbitrage forcé, etc., etc.

THÈSE POUR LE DOCTORAT

SOUTENUE DEVANT LA FACULTÉ DE DROIT DE PARIS

LE 27 AOUT 1857,

Par Marie-Auguste FROUART,

Né à Besançon (Doubs).

PARIS

IMPRIMERIE DE W. REMQUET ET Cie,

Rue Garancière, 5.

1857.

A MON PÈRE ET A MA MÈRE.

EXPLICATION DES ABRÉVIATIONS.

Nap., 1873, pour Code Napoléon, article 1873.

Proc., 59, — Code de Procédure, article 59.

Com., 23, — Code de Commerce, article 23.

Pén., 405, — Code Pénal, article 405.

L. Command., 14, pour loi du 17 juillet 1856 sur les Sociétés en commandite par actions, article 14.

RÈGLES

DE LA

SOCIÉTÉ EN COMMANDITE

PAR ACTIONS.

INTRODUCTION.

---

§ 1ᵉʳ. — Idée générale de la commandite par actions; ses avantages et ses dangers: quel problème le législateur doit résoudre à son égard.

1. Un philosophe, grave comme Caton, mais bienveillant comme Socrate, avait voué une vive affection à un homme d'une imagination féconde et d'une activité impétueuse, qui aspirait sans cesse à de brillantes découvertes. Un jour, ce chercheur d'inventions entre chez le philosophe, la tête haute et le front joyeux: « J'ai trouvé, s'écrie-t-il, j'ai trouvé! » — « C'est bien, dit le sage; racontez-moi votre conquête et réjouissons-nous ensemble. » « C'est encore un secret, répond l'inventeur; mais bientôt vous verrez et vous admirerez. Quel succès! quel service rendu à ma patrie! Elle me donnera,

en retour, la fortune et la renommée! » Il dit, et sans écouter les avis prudents du philosophe, il s'élance à la poursuite de la gloire.

Quelque temps après, le savant rencontra son ami, qui marchait lentement, la tête baissée et le front soucieux. Il l'aborde, et lui serrant la main : « D'où vient cette tristesse qui assombrit vos traits? Auriez-vous découvert dans votre plan quelque défaut incurable? » — « Nullement, répond l'inventeur: mon plan est parfait; mais hélas! je n'avais pas songé aux difficultés de l'exécution. Pour réaliser mon projet, il faudrait mille bras comme les miens : pourquoi Dieu a-t-il uni une âme si grande à un corps si petit? Ah! du moins, si j'étais riche, j'achèterais le secours des autres hommes, et j'opérerais des merveilles; mais une main aveugle a distribué la fortune : cet or, dont je ferais un si noble usage, est gaspillé par des ignorants! Je me suis abaissé devant eux jusqu'à mendier un prêt; mais ils n'ont égard ni à la probité ni au talent: sans hypothèque, nul crédit! Comprenez-vous, maintenant, la cause de mon chagrin? Je suis tenté de haïr les hommes et d'accuser Dieu! »

« Mon ami, répondit le philosophe, retenez, retenez ces plaintes, qui sont dénuées de fondement et injurieuses à la Providence; écoutez-moi sans prévention, et bientôt votre tristesse fera place à la joie. Gardez-vous de maudire la faiblesse du corps humain! Si la force de l'homme était égale à son intelligence, il serait ivre d'orgueil, et sa folle ardeur aurait bientôt bouleversé le monde. Gardez-vous aussi d'envier la fortune d'autrui! Vous êtes pauvre : tant mieux! c'est une excellente préparation pour devenir un grand homme. La richesse, qui devrait être la servante docile du génie, est son ennemie mortelle : elle l'endort dans la mollesse, l'énerve et le tue. Faut-il vous citer des exemples fameux? Rappelez-vous les Grecs et les Romains, triomphants tant qu'ils furent pauvres, puis efféminés et perdus par l'opulence. Je vous offre un levier puissant comme la richesse, mais non dangereux comme elle, qui vous fera triompher de tous les obstacles : ce levier mystérieux, c'est une pensée d'union. Adressez-vous à tous ceux qui ont de l'argent endormi; montrez-leur, sous des couleurs riantes, les avantages de votre entreprise : pour qu'ils unissent leur or à votre idée, faites briller à leurs yeux, non le faible attrait de l'intérêt légal, mais l'appât séduisant d'un bénéfice illimité. Cette perspective entraînante l'emportera sur leur défiance : non-seulement ils vous confieront leurs capitaux; mais, regardant le gain comme assuré, ils consentiront à partager une perte qui leur semble impossible. Grâce à cette convention, la fortune peut vous trahir, mais non vous accabler : la perte divisée sera pour chacun un malheur réparable, tandis qu'un vaste emprunt suivi d'un revers subit vous laisserait en butte aux poursuites des prêteurs et au mépris de la foule, sans l'espérance d'arriver jamais à une entière libération.

1.

« Cette combinaison, qui met en vos mains des ressources puissantes, sans vous grever d'une effrayante responsabilité, peut revêtir des nuances diverses, et se prêter aux circonstances avec une souplesse merveilleuse.

« S'agit-il d'une entreprise qui demande un vaste crédit, je vais vous montrer une source où vous puiserez abondamment cet aliment du commerce. Supposez un engagement souscrit dans un intérêt commun par vous et par les compagnons de votre fortune : chacun de vous est responsable, mais seulement pour une portion de la dette : donc, si l'un de vous devient insolvable, le créancier perdra une partie de son droit. La crainte de cette perte suffit pour arrêter une foule d'opérations. Supposez, au contraire, que chacun de vous s'oblige envers le public à payer solidairement les dettes contractées pour votre avantage commun : alors le créancier qui trouvera l'un de vous insolvable, aura recours contre les autres. Votre solidarité aura encore une autre conséquence favorable au créancier : au lieu de diviser son action, il pourra l'exercer entière contre l'un de vous, et il évitera ainsi bien des ennuis, des lenteurs et des frais. Ce double avantage offert aux créanciers pourra centupler votre crédit. Proposez donc à ceux qui partagent vos espérances de s'obliger envers le public à payer solidairement les dettes contractées dans votre intérêt commun. Choisissez un signe auquel les tiers reconnaîtront les engagements de cette nature ; convenez, par exemple, que vous serez solidairement obligé par les engagements qui porteront votre nom avec la désinence « et compagnie ».

« Vous rencontrerez peut-être des hommes timorés, qui reculeront devant la responsabilité solidaire; et même, la solidarité supprimée, ils ne voudront pas accepter sans limites les mauvaises chances de votre entreprise. Si leur concours vous est nécessaire, offrez-leur de borner leur contribution à une somme fixe, par exemple à la valeur de leur apport.

« Cette nouvelle combinaison vaincra la répugnance des esprits craintifs. Mais une foule d'hommes joignent à la crainte une bizarre inconstance : ils ont en horreur toute ombre de contrainte, et ils aiment mieux laisser leur argent stérile que de l'engager pour un temps prolongé. Voici un moyen de gagner leur sympathie : convenez avec eux qu'ils pourront se retirer de votre entreprise, en cédant leurs titres, soit dans les formes ordinaires de la cession, soit même par la tradition manuelle. Cette dernière clause attirera vers vous, non-seulement les inconstants, mais encore ces hommes à mystères qui veulent être riches sans le paraître, et qui recherchent avidement les créances anonymes. »

Ici le philosophe s'arrêta un instant; puis, fixant les yeux sur l'inventeur : « Mon ami, dit-il, j'ai respecté votre secret, et je le respecterai toujours : ignorant la nature de votre invention, je ne puis vous conseiller une forme d'alliance de préférence aux autres formes; mais j'appelle maintenant toute votre attention, car je vais déployer à vos yeux deux combinaisons que je puis appeler les deux ailes de l'industrie. Méditez-vous un de ces projets gigantesques qui promettent d'immenses bénéfices, mais qui exposent à des revers effroyables? La prudence vous exhorte à éviter une responsabilité indéfinie : convenez avec vos auxiliaires que chacun engagera seulement son apport; déclarez au public cette prudente réserve; puis mettez à la tête de ces capitaux ligués un mandataire qui obligera le fonds commun, sans s'obliger lui-même. Comme la solidarité n'intervient pas ici pour lier l'intérêt particulier du gérant à votre intérêt collectif, ne lui confiez pas sans restriction l'avenir de votre entreprise; mais stipulez pour les mandants unis le droit de révoquer ce mandataire. Ajoutez à la responsabilité bornée la faculté de céder son droit sans lenteur et sans frais : vous attirerez ainsi une foule de capitaux : votre puissance sera telle que vous pourrez étendre vos opérations sur l'univers entier.

« Mais cette union, qui crée des colosses sans exposer aucun de ses membres, ne saurait convenir à tous les grands desseins. Supposez une entreprise qui doit lutter contre une active concurrence : sa prospérité dépendra souvent d'une prompte décision, d'une mesure énergique; or, un gérant révocable n'aura presque jamais le courage d'une telle résolution. Cette position critique est peut-être la vôtre; car, c'est la condition ordinaire du commerce. S'il en est ainsi, écoutez la description d'une alliance admirable, qui réunit presque tous les avantages de celles que j'ai dépeintes : c'est la plus ingénieuse et la plus utile invention de l'esprit commercial. Faites appel aux hommes de tous les caractères. Aux esprits confiants proposez cette ligne dont chaque membre s'engage solidairement envers les tiers à payer les dettes contractées dans l'intérêt commun : vous acquerrez ainsi un vaste crédit.

« Aux âmes craintives offrez une chance illimitée de gain avec une chance limitée de perte ; convenez que cette double chance pourra être aliénée sans formalités lentes et coûteuses : vous attirerez par ce moyen les capitaux des trembleurs et des inconstants. Enfin réservez-vous la direction de l'entreprise commune, afin de suivre librement les inspirations de votre génie. Seulement, pour écarter tout soupçon, liez étroitement votre intérêt particulier à l'intérêt collectif en acceptant la responsabilité solidaire de tous les engagements souscrits pour le profit commun. »

A ces mots le philosophe saisit la main de l'inventeur et la pressant dans les siennes : « Mon ami, dit-il, je vous avais promis de mettre en vos mains un levier puissant ; je vous en ai montré plusieurs ; c'est à vous de choisir. Si vous savez utiliser la force du dernier, vous dépasserez bientôt les géants de la fable, et les merveilles de l'antiquité seront, au prix des vôtres, comme des travaux d'enfants. »

A mesure que le philosophe parlait, la joie se ranimait dans l'âme de l'inventeur et brillait dans ses yeux. Enfin elle éclata : « Merci, s'écria-t-il, merci mille fois ! Grâce à vous, mes beaux rêves vont se réaliser. A vous la moitié de ma gloire ! A vous la moitié de la reconnaissance publique ! »

Docile aux conseils du sage, il médita longtemps sur le choix d'un levier, et donna enfin la préférence à celui que le philosophe avait vanté entre tous. Le succès dépassa ses espérances : il recueillit une abondante moisson de richesse et d'honneur ; il eut le bonheur mille fois plus doux de contribuer à la prospérité de son pays ; et l'histoire a conservé son nom parmi ceux des bienfaiteurs de l'humanité.

2. Quel est, dites-vous, cet heureux inventeur ? Et quel est le philosophe qui l'a si bien secondé ? Hé ! ne voyez-vous pas que cette histoire est une allégorie ? J'ai voulu présenter sous cette forme frappante une vérité qui intéresse vivement notre siècle.

L'homme riche d'imagination, mais pauvre d'argent, est le symbole de ces esprits actifs, ingénieux, *qui poursuivent le progrès* dans l'industrie, dans les arts, dans les lettres.

Le philosophe grave mais bienveillant est la figure de ces hommes calmes et sérieux, qui étudient le passé, observent le présent et prévoient l'avenir, pour tracer à leurs concitoyens des règles salutaires : en un mot, il représente *les législateurs et les jurisconsultes*.

Cette classe savante est l'amie de la classe industrieuse, parce qu'elle aime tous ceux qui tendent au bien public.

Le levier mystérieux que le législateur offre avec bienveillance à tous les inventeurs, c'est le *contrat de Société*.

Les formes diverses que ce levier reçoit avec souplesse, ce sont les différentes combinaisons du contrat de Société. Ces combinaisons ont reçu du Législateur des noms techniques: la première est appelée *Société civile;* la deuxième *Société en nom collectif;* la troisième, *Société en commandite par intérêts;* la quatrième, *Société anonyme;* et la cinquième, *Société en commandite par actions.*

C'est cette dernière que le philosophe considérait comme la plus belle invention de l'esprit commercial : elle réunit, en effet, presque tous les avantages des autres combinaisons sociales. Frappé de son importance, chaque jour grandissante, j'ai résolu de lui consacrer mon étude : Dieu veuille que ce modeste opuscule facilite la pratique d'un contrat si important!

Je n'insisterai pas plus longtemps sur les avantages de la commandite par actions : seulement, résumant la description du philosophe, je vais formuler une définition précise de ce contrat : « La Société en commandite par actions est, comme toute Société, une convention par laquelle plusieurs personnes s'obligent à unir certains biens dans la vue de partager le bénéfice qui pourra en résulter, et à la charge de contribuer aux pertes éventuelles. Mais elle diffère des autres sociétés par certains caractères : elle crée deux classes d'associés profondément différentes : les uns, qu'on nomme commandités ou associés en nom, supportent une part indéfinie des pertes sociales, et sont solidairement obligés envers les tiers par les engagments que le gérant a souscrits sous la raison sociale ; les autres, qu'on appelle commanditaires ou bailleurs de fonds, ne sont obligés que jusqu'à concurrence de leurs mises respectives et peuvent céder leurs parts aléatoires. »

Dans la commandite par intérêt la part aléatoire du commanditaire était incessible ; dans la commandite par actions cette part est cessible : de ce changement, minime en apparence, découle une puissance merveilleuse, mais aussi des dangers effrayants.

En effet, cette faculté de céder sa bonne et sa mauvaise chance, qui devait faire la sécurité des associés et la grandeur des Sociétés, est devenue entre les mains de la fraude une arme voilée qui menace la fortune de tous. Arrachons le voile, et déjouons les complots de la mauvaise foi.

5. Le commanditaire n'exposant qu'une somme limitée, se montre moins défiant qu'un associé indéfiniment responsable : le fauteur d'une commandite astucieuse profite de cette confiance imprudente pour exagérer la valeur d'un immeuble ou d'une créance ou d'un talent qu'il apporte comme mise sociale, et partant de cette fausse donnée, il se fait attribuer dans les bénéfices une part imméritée.

Quelquefois il couvre sa fraude d'un autre mas-

que. Dès qu'il a séduit quelques souscripteurs témé-
raires, il leur demande des versements, sous prétexte
de commencer promptement l'entreprise : il s'alloue
un traitement somptueux ; et, après une apparente
gestion, il déclare que la Société doit se dissoudre,
faute de souscriptions suffisantes. Alors les ac·
tionnaires veulent reprendre les fonds qu'ils ont
versés ; mais ces fonds se sont évaporés en appointements. Souvent la ruse est plus subtile : le gérant
présente un inventaire qui exagère la valeur de l'actif social ; comparant ce chiffre mensonger à celui
de l'année précédente, il en conclut que la Société
a réalisé des bénéfices, et il propose la distribution
d'un dividende entre les actionnaires. A cette nouvelle le cours de actions monte rapidement : les
auteurs de la fraude s'empressent de vendre leurs
titres ; mais bientôt le fonds social, entamé par cette
distribution de bénéfices fictifs, ne suffit plus au
roulement de l'entreprise ; le crédit de la Société
chancelle ; ses actions dégénèrent en assignats, et
quelquefois elle entraîne dans sa ruine des milliers
d'actionnaires. Pour mieux réussir dans ces odieuses
manœuvres, le fondateur d'une commandite émet
souvent des actions dont la valeur nominale est
prodigieusement infime : il attire ainsi dans ses fi-
lets les petites économies de l'ouvrier, trop ignorant pour découvrir la fraude, et il vole sans rougir
le prix de sueurs si pénibles !

4. Tels sont les principaux piéges qui se cachent
sous la commandite par actions. En présence de ces

dangers, quelle doit être la conduite du législateur? Faut-il prohiber cette combinaison sociale? Ce serait couper une aile à l'industrie! Loin de nous ces remèdes violents, qui sont pires que le mal! Réprimons la fraude, mais n'enchaînons pas le talent vertueux. Conjurer les dangers de la commandite par actions, sans en altérer les avantages : voilà le grand problème que le législateur doit résoudre. Suivons rapidement, dans le cours des siècles, l'histoire de ce problème, avant d'exposer la solution qu'il a reçue de nos jours.

§ 2. — Histoire de la Société en commandite par actions.

3. La commandite par intérêts ne fut pas inconnue des Romains. Ils validèrent, après de vives controverses, la convention qui attribuait à un associé une part illimitée des bénéfices en le déchargeant de toute contribution aux pertes ; à plus forte raison pouvait-on assigner à un membre de la Société une part illimitée des bénéfices avec une part limitée des pertes (1). Mais ce contrat n'avait pas été honoré d'un nom propre.

Quant à la commandite par actions, je n'en connais aucune trace dans le Droit Romain. La faculté

---

(1) Justinien, Institutes *De societate*, § 2.
   Gaïus, Institutes, com. 3, § 149.
   Digeste, liv. 17, tit. 2, fr. 29, § 1.

de transporter à un tiers sa créance et son obligation aurait blessé le principe romain : suivant lequel
les obligations sont inséparables de la personne qui
les a contractées. Pourquoi ce contrat important fu
il négligé par les Romains? C'est que la commandite
procède du commerce, et que le commerce jouait à
Rome un rôle très-modeste. Belliqueux par tradition, et favorisés par la victoire, les Romains se
souciaient peu d'amasser lentement par un humble
négoce ce qu'ils acquéraient rapidement par de
brillants exploits. Dans l'intervalle des combats,
leurs armées exécutaient ces grands travaux d'intérêt public qui sont aujourd'hui confiés à de vastes
Sociétés. En quittant l'épée, les esprits actifs se li-
vraient aux rivalités ardentes du Forum. Dominer
au dedans, dominer au dehors, dominer partout:
telle était la passion des Romains. Cette soif de
commander était excitée par un antique oracle,
transmis de génération en génération, qui promet-
tait à Rome l'empire universel :

« *Tu regere imperio populos, Romane, memento.* »

Bossuet, considérant l'histoire avec son regard d'ai-
gle et son intelligence illuminée, a compris le véritable sens de cette tradition populaire. Tandis que
les Romains cherchaient dans les conquêtes la satis-
faction de leur orgueil et de leur cupidité, ils exécutaient, sans le savoir, les desseins mystérieux de la
Providence : en propageant leur langue, ils prépa-

raient aux apôtres du Sauveur le moyen de communiquer rapidement à des millions d'intelligences cette religion sublime et délicieuse, qui a seule le secret de rendre l'homme heureux. Certes, une telle mission valait mieux que celle d'augmenter, par le commerce, les jouissances matérielles de l'humanité! On ne peut pas regretter que les Romains aient négligé la commandite pour répondre à leur vocation divine!

6. Quand Dieu eut fait servir à ses desseins le bras orgueilleux des Romains, il envoya, pour punir leurs crimes, des nuées de Barbares inconnus. Ces hordes sauvages portèrent jusqu'au Capitole le pillage, l'incendie et la mort; puis elles s'assirent sur les ruines de l'empire, à côté des nouveaux chrétiens : ce contact amena leur conversion, et leur mâle courage, tempéré par la douceur évangélique, prépara la grandeur des nations modernes. Mais il fallut des siècles pour réparer les désastres de l'invasion : quand les Mérovingiens descendirent du trône, l'ordre public n'était pas encore assez affermi pour que le commerce prît un grand essor. Charlemagne conçut le plan d'une société régulière; et son génie, sagement despotique, réalisa un instant cet idéal. Mais, bientôt, les querelles sanglantes de ses descendants suscitèrent de nouveaux troubles; les grands officiers de la couronne, qui tendaient depuis longtemps à l'hérédité, profitèrent de cette division pour s'ériger en tyrans : ils vendaient leurs concours aux princes rivaux, moyennant la conces-

sion d'offices héréditaires et de droits régaliens. A cette cause intérieure de désordre, s'ajouta une cause extérieure : des pirates du Nord, s'insinuant par les fleuves jusqu'au cœur de la France, répandent partout le carnage et l'épouvante. On abandonne l'industrie, et même l'agriculture; on élève à la hâte des milliers de châteaux-forts, où les grands promettent d'abriter les petits. Enfin, Charles le Simple se résigna à céder aux pirates une riche province, qui prit le nom de Normandie. Grâce à cette concession, leurs brigandages s'arrêtèrent; mais on vit alors des brigands d'un autre genre : les seigneurs, dont les donjons hérissaient la campagne, tournèrent contre la classe faible ce qui devait la protéger. Cachés derrière leurs créneaux, ils épiaient les voyageurs, et rançonnaient sans pitié marchands et pèlerins; souvent aussi ils faisaient la guerre de château à château, et leurs troupes avides pillaient alors tous les environs de la forteresse ennemie. Au milieu de ces brigands titrés, le commerce était impossible et la commandite inconnue.

7. Après de longues souffrances, l'Eglise eut l'heureuse pensée de tourner au dehors cette ardeur belliqueuse. Elle montra aux Barons le Saint-Sépulcre outragé; elle leur conseilla, comme expiation de leurs péchés, une guerre qui flattait leurs goûts; elle leur peignit des royaumes à conquérir, et le ciel ouvert aux soldats du Christ. Cette bouillante noblesse s'élança sur les pas de Pierre l'Ermite, et une ère nouvelle s'ouvrit

pour le commerce. L'Europe, devenue plus calme en l'absence de ses turbulents seigneurs, vit l'industrie renaître dans les villes ; et les Barons, obérés par la guerre sainte, vendirent aux communes des franchises qui favorisèrent l'industrie naissante. Le désir d'arriver par la richesse à l'indépendance suscita de grands desseins : la classe commerçante suivit en Orient la classe militaire ; elle fonda de riches comptoirs à Jérusalem et à Constantinople, à Chypre et en Morée ; en un mot, partout où régnaient des Croisés. Pour ces vastes entreprises, l'association des hommes et des biens fut un moyen nécessaire : la *commande* ou commandite apparut alors, et son rôle alla toujours grandissant. Deux causes contribuèrent puissamment au progrès de la commandite : la première était une prohibition canonique, et la seconde un préjugé nobiliaire. Alors que le commerce était paralysé par l'anarchie, l'Église avait prohibé le prêt à intérêt ; cette règle fut salutaire à cette époque, car on empruntait alors, non par spéculation, mais par indigence. Quand l'ordre eut ranimé le commerce, l'argent emprunté put devenir facilement productif, et il fut logique de permettre le prêt à intérêt ; mais l'empire de l'habitude maintint cette antique prohibition. Les capitalistes imaginèrent le contrat de rente pour faire fructifier leur argent sans violer le droit canonique ; mais cette sorte de placement avait le grave inconvénient d'aliéner à jamais le capital. Les profits du commerce étaient plus attrayants ; mais la crainte de déroger en écartait les nobles. Sur ces entrefaites, la commandite apparut. Non-seulement elle fournit un moyen licite de rendre l'argent fécond ; mais elle permit à la noblesse de négocier sans dérogeance. En effet, le contrat de commandite associait l'or du noble à l'industrie du commerçant, et partageait entre eux les bénéfices, sans que le public eût connaissance de cette union.

8. Telle était la pratique française lorsque Savary rédigea, sous l'inspiration de Colbert, cette fameuse ordonnance de 1673, qui a eu pour échos notre Code de commerce et plusieurs Codes étrangers. Il posa en principe l'obligation de publier le contrat de commandite, afin que nul associé ne pût, en cas de perte, dissimuler son engagement ; mais, voulant faciliter aux nobles l'usage de la commandite, il permit de la tenir secrète, lorsqu'un des contractants ne serait pas commerçant. Il décida que la responsabilité du commanditaire (ou bailleur de fonds) pourrait être limitée à sa mise, mais seulement en vertu d'une *stipulation expresse*. Il n'appliqua point à la Société en commandite la théorie de la raison sociale : ainsi le commandité (ou *complimentaire*), ne contractait qu'en son propre nom. Quant à la faculté de céder sa part de chances, bonnes et mauvaises, l'ordonnance de Louis XIV n'en fait aucune mention ; elle ne consacre donc que la commandite par intérêts. Ce n'est pas que la division du fonds social en actions fût encore inconnue : elle apparaît dès la fin du xvi⁰ siècle. A l'époque du

chancelier d'Aguesseau, elle avait déjà produit de grandes entreprises et d'effrayants abus : le traité de ce grand jurisconsulte sur le commerce des actions est une peinture saisissante des dangers de l'agiotage.

9. La révolution arrêta l'essor du commerce et de la commandite. Quand le Consulat eut rétabli l'ordre en France, les transactions réveillèrent l'esprit d'association, et la commandite par actions prit place dans le Code de commerce. Mais le législateur de 1807 la consacra sans l'organiser. La jurisprudence, s'efforçant de combler cette lacune, résolut plusieurs difficultés : ainsi, suivant elle, l'action au porteur était valable ; un souscripteur d'actions, qui n'avait pas versé le montant intégral de sa souscription pouvait se libérer en négociant son titre (1) ; des commanditaires soutenant un intérêt commun contre le gérant devaient être représentés par des commissaires nommés en assemblée générale. Les tribunaux s'efforçaient en vain de suppléer au silence de la loi : la fraude profita de ce laconisme pour dresser ses piéges, et la liberté d'association dégénéra en licence dangereuse.

10. Ces abus scandaleux provoquèrent une réaction : en 1838, le gouvernement proposa aux Chambres de prohiber la commandite par actions. Cette proposition, exagérée comme toutes les réactions, ne devait pas triompher : une commission,

---

(1) C. Paris, 22 mai 1852.

nommée par la chambre des Députés et composée d'hommes expérimentés, rédigea un projet plus modéré; mais la fin de la session empêcha de le discuter, et d'autres travaux le firent oublier dans la session suivante.

11. Le retentissement des débats eut, du moins, l'avantage de rendre les trompeurs moins hardis et le public moins crédule. La révolution de 1848 arrêta tout à la fois les entreprises honnêtes et les spéculations frauduleuses : comment tromper lorsque la défiance régnait partout? Mais, quand l'ordre rétabli eut rendu l'activité au commerce, la mauvaise foi renouvela ses intrigues. — Le gouvernement sentit la nécessité d'opposer une digue aux abus de la commandite par actions. Fallait-il décréter la prohibition projetée en 1838? Dieu nous préserve de ce remède brutal! Voulez-vous savoir, avec une précision mathématique, combien cette prohibition serait funeste à l'industrie?

Interrogez le journal général d'affiches; il vous répondra que Paris a vu naître, du 1er juillet 1854 au 30 juin 1855, c'est-à-dire dans une seule année, deux cent vingt-cinq Sociétés en commandite par actions, dont les capitaux s'élevaient à 968 millions. Le gouvernement a senti l'éloquence de ces chiffres; il s'est souvenu que le juste milieu est le chemin de la sagesse, et il a dirigé contre la fraude un système de précautions ingénieuses et de punitions exemplaires. M. Duvergier, conseiller d'État, a exposé les motifs de ce projet; et M. Langlais,

2.

député de la Sarthe, a consigné, dans un rapport digne d'éloges, les observations de la commission nommée par le Corps Législatif; des communications officieuses entre le conseil d'État et cette commission ont amené des modifications au projet de loi ; ainsi amendé, il a été soumis à la discussion du Corps Législatif et les débats ont produit la loi que je vais analyser.

PLAN

POUR L'EXPOSITION DES PRINCIPES

QUI RÉGISSENT ACTUELLEMENT LA

COMMANDITE PAR ACTIONS.

12. Je viens d'esquisser à grands traits l'histoire de la commandite par actions. Si j'écoutais certaines traditions, je ferais maintenant plusieurs traités, abondants en détails : le premier peindrait la théorie romaine, non sur la commandite par actions qui fut inconnue de Rome, mais sur le contrat de Société en général ; le second traité contiendrait les règles que l'ordonnance de 1673 imposa à la commandite par intérêts, et les conséquences déduites de ces règles par la doctrine et la jurisprudence ; le troisième traité réfléchirait les dispositions du Code de commerce sur la commandite par actions, et les décisions doctorales ou judiciaires qui comblèrent les lacunes de ce Code; enfin, la législation actuelle, précédée de ce pompeux cortége, apparaîtrait dans le quatrième traité.

Si je ne me trompe, ce plan a de graves inconvénients. En effet, la science du Droit est éminem-

ment pratique : ces longues expositions, qui ras-
semblent les débris d'une législation fossile, sont
bonnes pour faire briller la science d'un historien,
mais non pour diriger un homme engagé dans les
affaires: Je ne prétends pas qu'il faille s'attacher ser-
vilement aux textes en vigueur, sans consulter jamais les lois abolies. Interrogeons le passé, mais
pour éclairer le présent ! Or, la comparaison n'est
lumineuse que si les objets comparés se trouvent
face à face : dérouler tout le système ancien, avant
de passer au système moderne, c'est s'exposer à oublier le premier terme de la comparaison quand on
arrive au second. Entraîné par ces considérations,
je n'expliquerai avec ensemble que la législation en
vigueur; mais je glisserai, dans l'occasion, certaines
notions du passé, qui feront ressortir le véritable
sens d'une disposition équivoque, ou le mérite d'une
amélioration, ou le défaut d'une innovation préci-
pitée.

13. Ce plan tracé, il reste encore beaucoup à faire
pour mettre de l'ordre dans ce vaste sujet. En effet, la Loi du 17 juillet 1856 est loin de contenir
toutes les règles de la commandite par actions. Les
principes généraux du Contrat de société, formulés
par le Code Napoléon, sont applicables à cette Société, dans les points qui n'ont rien de contraire
aux lois et usages du commerce (Nap., 1873).

Le Code de commerce renferme quelques dispositions communes à la commandite par intérêts et à
la commandite par actions. La loi précitée du 17 juil-

let 1856 consacre des règles spéciales à cette dernière combinaison de la commandite. Enfin une autre loi décrétée le même jour supprime la nécessité de l'arbitrage, jusqu'alors imposée aux associés dans leurs contestations relatives à la Société. Il faut combiner tous ces textes pour formuler une théorie complète de la Société en commandite par actions. Alors même que ces nombreuses dispositions ont été signeusement étudiées, plusieurs questions demeurent indécises : pour les résoudre je recourrai aux principes généraux du droit français, aux monuments de notre jurisprudence, et aux lumières de la raison ; dans cette incertitude, le droit romain, si justement appelé la raison écrite, pourra me fournir, non des préceptes impérieux, mais de sages conseils.

14. Pour être facilement comprise et utilement employée, cette combinaison de documents si divers exige un ordre méthodique : le choix de cet ordre est peut-être la partie la plus importante et la plus difficile de ce travail ! Je pourrais considérer tour à tour la naissance de la Société, ses opérations, sa fin, et le partage de sa succession ; ce plan, qui assimile la Société à une personne physique, a quelque chose de poétique qui plaît au premier aspect ; mais la réflexion et l'expérience m'ont fait préférer un autre enchaînement d'idées. A qui s'adresse un ouvrage sur la commandite en actions? Aux hommes de lois, sans doute ; mais surtout aux hommes d'affaires. Que dis-je? il doit parler à toutes les classes de la nation, parce que toutes sont appelées à jouer

un rôle actif dans ce contrat si populaire. Donc, il doit se plier aux habitudes générales, prendre le ton ordinaire, et répondre nettement aux questions de la foule. Ces questions se réduisent à trois. On vous propose d'entrer dans une Société en commandite par actions : vous demandez d'abord quelles seraient les conséquences de votre consentement ; vous voulez connaître et les obligations qu'il vous imposerait, et les droits qui en découleraient pour vous ; vous pesez les charges et les avantages ; puis vous prenez une décision.

Si vous rejetez la proposition qui vous est faite, vous n'avez pas le désir de pousser plus loin l'étude de la commandite. Mais supposez une acceptation : une seconde question s'échappera de votre bouche : « Que faut-il faire pour que ce contrat soit régulier et valable ? »

Enfin, la convention formée, une troisième pensée peut naître dans votre esprit. Vous regrettez peut-être un engagement précipité, et vous aspirez à votre libération ; ou même, sans éprouver de regret, vous désirez connaître quels événements vous rendront la liberté de porter dans une autre entreprise votre fortune et votre activité : dans ces deux cas, vous posez une troisième question : « Quelles causes dissolvent ce contrat ? »

Je répondrai à ces trois questions en exposant successivement :

1° les obligations et les droits qui naissent de ce contrat ;

2° les conditions requises pour sa validité ;

3° les causes qui le dissolvent.

Ce plan, conforme aux tendances de la pratique, est aussi favorable à l'enseignement : comment voulez-vous que l'étudiant apprécie les conditions de capacité et de forme, s'il ne connait pas le but auquel visent les contractants ?

PREMIÈRE PARTIE.

DES OBLIGATIONS ET DES DROITS QUI NAISSENT DE CE CONTRAT.

15. La Société en commandite par actions offre au spéculateur quatre rôles différents : il peut être :

commandité non gérant,

ou commandité gérant,

ou simple commanditaire,

ou membre du conseil de surveillance.

Avant d'accepter l'un de ces rôles, il est prudent d'en examiner les charges et les avantages : aussi vais-je expliquer tour à tour :

1° Les obligations et les droits des commandités non-gérants ;

2° les obligations et les droits des commandités-gérants ;

3° les obligations et les droits des simples commanditaires ;

4° les obligations et les droits des membres du conseil de surveillance.

Ces notions ne suffisent pas pour apprécier sûrement les conséquences des diverses fonctions que je viens d'énumérer. En effet, toutes les fois qu'une Société commerciale est contractée, le législateur fait intervenir au contrat un être fantastique, une personne morale, qui a des rapports étroits avec chaque associé. Cette personne métaphysique est une des plus belles inventions du génie commercial, et il importe de l'étudier avec soin. Pour en comprendre toute l'importance, voyons quelle différence la personne morale établit entre les Sociétés civiles et les Sociétés commerciales. Supposons une Société civile contractée entre Primus, Secundus et Tertius, et appelons leurs mises respectives Prima, Secunda, Tertia. Par le contrat, Primus devient créancier du tiers indivis de Secunda et du tiers indivis de Tertia; Secundus devient créancier du tiers indivis de Prima et du tiers indivis de Tertia; Tertius devient créancier du tiers indivis de Prima et du tiers indivis de Secunda. Quand la translation de propriété aura suivi la promesse, un droit réel remplacera le droit personnel : Primus, tout en conservant le tiers indivis de Prima, accquera le tiers indivis de Secunda, le tiers indivis de Tertia ; ainsi de suite. Les droits et les obligations qui naîtront plus tard à l'occasion de ces biens indivis seront indivis comme eux. Vous comprenez facilement combien cette communauté d'avantages et de charges embarrasse les calculs; en cas de procès, elle complique aussi la procédure : car il faut autant de significations qu'il y a de communistes. Ces inconvénients sont supportables quand il s'agit d'une Société peu étendue et peu féconde en débats. Mais imaginez une Société qui embrasse des milliers de personnes et qui donne lieu à des litiges presque quotidiens : cette complication devient alors insoutenable. Voici l'ingénieuse invention par laquelle le droit commercial élude ces difficultés. Il fait surgir, en présence des individus qui contractent, une *personne morale*, imaginaire, métaphysique, qu'il appelle *La Société* : c'est à elle que chaque associé promet ; c'est elle qui sera propriétaire des choses apportées : c'est elle qui les fera valoir au moyen d'un gérant. En retour de ces droits, elle contracte diverses obligations, dont voici les principales. Tant qu'elle sera debout, c'est-à-dire jusqu'à la dissolution du contrat, elle sera grevée d'une *rente* au profit des associés ; les arrérages de cette rente, connus sous le nom de dividendes, diffèrent des arrérages ordinaires en ce qu'ils sont conditionnels et variables : en effet, ils ne seront dus que si la Société a des bénéfices disponibles, et leur chiffre croîtra ou décroîtra suivant la prospérité du fonds social. Quand le contrat sera dissous, cette rente fera place à un droit nouveau au profit des associés : en effet, la personne morale les institue héritiers par le contrat. Cette institution contractuelle est irrévocable ; mais d'autre part, les institués ne pourront pas répudier la succession de la personne morale : donc il vous importe beaucoup de savoir, avant de contracter, quels éléments composeront le patrimoine de cette personne fantastique dont vous allez devenir les *héritiers nécessaires.*

En conséquence, j'expliquerai dans un cinquième chapitre les obligations et les droits de cette personne morale qu'on appelle *la Société.*

CHAPITRE PREMIER.

Obligations et droits des commandités non gérants.

10. Étudions d'abord leurs obligations; puis nous passerons à leurs droits.

SECTION PREMIÈRE. — Obligations des commandités non-gérants.

Le Code Napoléon, énumérant les obligations d'un associé, les divise en deux classes :

1° Obligations envers ses coassociés ;
2° obligations envers les tiers.

J'ajouterai une 3ᵉ branche à cette classification, parce que les associés disparaissent durant le contrat, derrière la personne métaphysique, et reprennent, à la dissolution du contrat, leur personnalité individuelle. Je rangerai donc sous trois chefs les obligations des commandités non-gérants :

1° Obligations envers la Société ;

2° Obligations envers les héritiers de la Société ;

3° Obligations envers les tiers.

§ 1er. — Obligations des commandités non-gérants envers la Société.

17. 1re *Obligation : Apporter la mise convenue.* — Suivant le Code Napoléon, la Société est un contrat par lequel plusieurs personnes conviennent d'unir certains biens, dans la vue de partager le bénéfice qui pourra en résulter, mais à la charge de contribuer aux pertes éventuelles (1832, 1855, combinés). Il est donc de son essence que chaque contractant apporte quelques valeurs pour former la masse sociale : si l'un d'eux était dispensé de tout apport, la convention dégénérerait en donation. Mais, si l'obligation de mettre quelque chose en commun est rigoureusement imposée, les parties ont une grande latitude pour régler l'étendue et la nature des apports.

Propriété d'une somme d'argent ou de toute autre chose accessible au commerce, usufruit, usage, servitude, obligation de procurer la jouissance d'une chose ; et même, industrie d'un ouvrier : tous ces biens peuvent constituer un apport valable (Nap., 1833). Parcourons rapidement ces différentes hypothèses, et voyons jusqu'où s'étend, dans chacune d'elles, l'obligation d'apporter sa mise.

18. Avez-vous promis à la Société la propriété d'une *somme d'argent?* Vous en devez les intérêts, de plein droit et sans demande, à compter du jour fixé pour le payement (Nap., 1846, § 1). Pourquoi cette dérogation au principe que les intérêts courent seulement du jour de la demande? C'est que l'associé reçoit, en échange de sa promesse, un droit frugifère; d'ailleurs, le Législateur a voulu activer le versement des fonds nécessaires au succès de la Société.

Non-seulement les intérêts courent de plein droit, mais encore ils peuvent être cumulés avec une plus ample indemnité (Nap., 1846, § 3). Voilà une exception à la règle que le payement tardif d'une somme d'argent donne seulement lieu à l'intérêt légal: cette exception est justifiée par les pertes immenses que le défaut d'argent peut causer à une Société.

Ces décisions, si conformes à la raison, sont en harmonie avec le droit Romain (1).

19. Supposons maintenant la promesse d'apporter *la propriété* d'une chose autre que du numéraire. A partir du jour fixé pour la livraison, vous devez à la Société les fruits de cette chose; si le retard de votre tradition a causé à la Société un autre dommage que la privation des fruits, il faut lui fournir une juste indemnité.

---

(1) Digeste, liv. 17, fr. 60 Pomponius.

Cette chose dont la propriété est promise à la Société peut périr entre la promesse et la transmission de propriété : alors il vous est impossible de tenir votre parole, et vos associés, ne recevant pas la mise qu'ils attendaient, peuvent faire prononcer la dissolution du contrat (Nap., 1867, § 1). Cette hypothèse paraissait chimérique quand la législation française déclarait la propriété transférée par le consentement ; cependant elle était réalisable, par exemple lorsqu'on avait promis la propriété de la chose d'autrui. Depuis que la transcription est rétablie comme condition essentielle de l'aliénation, ce cas peut se présenter souvent.

Si la chose périt après que la Société en est devenue propriétaire, c'est un malheur commun ; mais l'associé qui l'a apportée a satisfait à son obligation (Nap., 1867, § 3).

Il peut arriver qu'un tiers revendique avec succès contre la Société la chose qu'elle croyait avoir acquise d'un commandité : alors ce commandité est garant, comme un vendeur, envers la Société évincée (Nap., 1845).

20. Si un associé a promis à la Société l'usufruit ou l'usage d'une chose quelconque, il est obligé de procurer tous les avantages que l'usufruitier ou l'usager peut réclamer d'après les principes généraux (Nap., 570 à 636).

21. Avez-vous pris l'engagement de faire jouir la Société d'une certaine chose ? Vous jouez, à son égard le rôle d'un bailleur : donc vous devez entretenir constamment cette chose en bon état et garantir la Société contre toute éviction (Nap., 1719, 1726). Si la chose louée à titre d'apport périt durant la Société, il vous est désormais impossible d'exécuter votre promesse d'apport ; par conséquent vos associés peuvent poursuivre en justice la dissolution du contrat (Nap., 1867, § 2).

22. Si vous avez promis votre industrie à la Société, vous lui devez compte de tous les profits que vous avez tirés de l'espèce d'industrie qui est l'objet de cette Société (Nap., 1847).

23. La faculté d'apporter des valeurs de diverses natures favorise l'essor des Sociétés ; mais elle ouvre à la fraude une large issue : on a vu souvent des associés attribuer à leur mise une importance exagérée, et s'arroger, par suite, une part excessive de bénéfices. La loi récente, voulant réprimer ces abus, soumet à un contrôle sérieux tous les apports qui ne consistent pas en numéraire (1). Les actionnaires doivent désigner en assemblée générale une ou plusieurs personnes qui feront un rapport sur la valeur réelle de ces biens ; puis les actionnaires prononceront, toujours en assemblée générale, sur l'admission de ces mises suspectes ; s'ils n'approuvent pas l'évaluation fournie par l'auteur de l'apport, la Société n'est pas constituée.

On a vivement critiqué cette disposition : « Mon

---

(1) L. command., 4.

apport, dit-on, peut être une invention nouvelle : livrer mon secret à des inquisiteurs, c'est ruiner mon avenir ! Rappelez-vous Guttemberg trahi par un associé, qui faillit lui ravir la gloire de sa découverte ! » Cette critique contient un peu de vérité, mais beaucoup d'exagération : pour un secret à exploiter, il y a dix entreprises qui se font au grand jour. C'est déjà un beau progrès que de déjouer la fraude dix fois sur onze. Même dans l'espèce que la critique invoque, le contrôle n'est pas impossible ; les délégués des actionnaires feront une enquête sur les résultats déjà obtenus par cet inventeur mystérieux ; ils scruteront ses antécédents, et pourront contrôler, sinon la valeur du secret, du moins le talent et la probité de l'auteur.

Vaincue sur ce terrain, la critique engage sur un autre sa lutte téméraire. « Hé quoi ! s'écrie-t-elle, deux assemblées générales pour examiner le plus petit apport ! Vous oubliez donc que les actionnaires peuvent être disséminés sur tous les points du monde ! » Ce reproche est vain comme le premier. En effet, la loi demande, non deux assemblées successives, mais deux séances de la même assemblée, qui peuvent avoir lieu à un jour d'intervalle. D'ailleurs, les actionnaires éloignés, occupés ou malades, peuvent se faire représenter par des mandataires : est-il donc si pénible et si ruineux de constituer un mandataire, pour échapper à des fraudes imminentes ?

Pour que ces deux délibérations soient valables,

la nouvelle loi exige le concours de plusieurs conditions : non-seulement il faut la majorité des actionnaires présents ; mais encore cette majorité doit comprendre le quart de tous les actionnaires, et représenter le quart du capital social en numéraire. Cette exigence a soulevé des réclamations qui me paraissent mieux fondées que les précédentes : toutefois, disons à la décharge du législateur, qu'il n'impose ces conditions que pour la première assemblée générale, c'est-à-dire au moment où le zèle des actionnaires est dans toute son ardeur.

L'associé qui a fait l'apport suspect n'a pas voix délibérative dans l'assemblée qui contrôle cette mise ; mais il peut prendre part à la discussion. Cette disposition ne laisse aucune prise au blâme. Le législateur n'a pas cru que ce contrôle suffît pour combattre la fraude qui se cache sous les apports en nature. Il regarde d'un œil défiant le fondateur d'une commandite par actions qui présente une mise de ce genre. Supposez l'omission de l'une des précautions que la loi nouvelle a prescrites contre la mauvaise foi : le législateur présume que le fondateur suspect a favorisé à dessein cette omission, et il permet aux tribunaux de le déclarer responsable solidairement et par corps, avec le gérant de la Société annulée. Toutefois, la complicité de ce fondateur n'étant que présumée, le législateur donne aux tribunaux un pouvoir discrétionnaire pour atténuer ou supprimer cette rigueur. (L. command., 7, § 2.)

3.

24. La loi de 1856 contient une disposition, également relative aux apports, qui me paraît inspirée par une profonde sagesse. Le laconisme du Code de commerce avait soulevé une grave question : « Un souscripteur d'actions, qui n'a pas versé intégralement le montant de sa souscription aliène ses actions : est-il libéré envers la Société ? » La Cour de Paris avait décidé l'affirmative par arrêt du 22 mai 1852 : en émettant des titres négociables, disait la Cour, la Société a consenti facilement aux subrogations d'associés; donc le souscripteur qui négocie son action est libéré, non par son fait unique, mais par le consentement de la Société. Ce raisonnement spécieux ouvrait la porte à de grands abus : des joueurs de profession, achetant sans ar ent, souscrivirent des actions pour les revendre à la première hausse; pour provoquer cette hausse, mille ruses furent inventées, et des cessionnaires crédules furent souvent ruinés par ces actions véreuses. Il fallait, à tout prix, fermer aux agioteurs l'accès des actions; dans ce but, la nouvelle loi décide que tout souscripteur d'action dans une Société en commandite est obligé de payer intégralement le montant de sa souscription. Avant cette loi, on stipulait souvent que le souscripteur d'une action cédée serait partiellement libéré par cette cession ; regardant cette stipulation comme contraire à l'ordre public, la loi récente la frappe d'impuissance.

25. *2° Obligation: faire certaines restitutions.* — Si un commandité a puisé dans la caisse sociale pour son usage particulier, il doit restituer à la Société la somme qu'il a ainsi détournée, et les intérêts de cette somme à dater du détournement (Nap., 1846, § 2).

S'il a reçu et retenu quelque valeur appartenant à la Société, il doit également capital et intérêts.

Supposez un dommage causé à la Société par un commandité; il doit le réparer. Mais peut-il invoquer en compensation le profit qu'il a procuré à la Société dans une autre occasion? Nullement : car la compensation suppose deux créances en sens contraires; or, un associé n'acquiert pas de créance envers la Société en soignant l'intérêt commun à l'égal de son propre intérêt ; il ne fait qu'accomplir son devoir (Nap., 1850). Cette décision, parfaitement logique, dérive du droit Romain (1).

26. Un antique usage, consacré par le Code de commerce (art. 51 à 63), exigeait naguères que toute contestation engagée entre associés pour raison de Société fût jugée par arbitres. On a soutenu que cette juridiction exceptionnelle entraînait trop de lenteur et de frais : une loi, décrétée le même jour que la loi relative à la commandite par actions, a exempté les associés de la juridiction arbitrale, et soumis leurs débats aux tribunaux de commerce. L'expérience fera peut-être regretter ces juges qui dépouillaient patiemment des dossiers immenses, et enveloppaient les procès d'un voile salutaire.

---

(1) Digeste, liv. 17, tit. 2, fr. 25 et 26, Paul et Ulpien.

27. Les obligations du commandité envers la Société ont un caractère commercial : donc il est soumis à la contrainte par corps, si la condamnation s'élève à la somme principale de deux cents francs (Loi du 17 avril 1832, art. 1er), mais il pourra jouir des tempéraments apportés par la loi du 13 décembre 1848.

§ 2. — Obligations des commandités non-gérants envers les héritiers de la Société.

28. 1re *Obligation*. — Le commandité a-t-il omis de remplir ses engagements envers la Société, il en doit compte aux héritiers de cet être métaphysique, c'est-à-dire aux personnes qui constituaient la Société. Comme il figure parmi ces héritiers, une partie de sa dette se trouve éteinte par confusion ; nous verrons, dans la section suivante, pour quelle part il succède à la Société, et par conséquent, quelle portion de sa dette est éteinte par confusion.

29. 2e *Obligation : supporter en partie le passif de la Société.* — Suivant le Code Napoléon, tout associé doit contribuer aux pertes; la stipulation qui affranchirait un associé de cette contribution serait frappée de nullité (Nap., 1855). Chez les Romains, on avait vivement discuté sur l'effet de cette stipulation : l'opinion dominante l'avait validée, mais à condition que la coopération de cet associé privilégié compensât les charges dont on le dispensait(1). Pourquoi le législateur français s'est-il montré plus sévère que les jurisconsultes romains? Il a craint que cette stipulation ne dissimulât un prêt usuraire. Prêter un capital qui sera rendu en tout cas, et qui produira peut-être des bénéfices considérables, voilà une convention qui peut séduire bien des usuriers! Cependant, on aurait pu valider cette clause, justifiée quelquefois par une coopération précieuse, à moins que l'usure ne fût prouvée.

30. Non-seulement le commandité doit contribuer aux pertes; mais, bien différent du commanditaire, il est soumis à une responsabilité indéfinie ; sa part contributoire augmente avec le passif de la Société, et peut recevoir une extension ruineuse.

31. Mais suivant quelle proportion le passif de la Société sera-t-il réparti entre ses divers héritiers? Si le contrat est muet sur cette grave question, la loi lui donne une solution dictée par l'équité. Voici le raisonnement du législateur : « Si l'ensemble des mises produit un bénéfice, il est logique d'attribuer le quart de ce profit à l'associé qui a fourni le quart de la masse productive ; cela posé, si l'entreprise commune amène une perte, il est logique aussi d'imposer le quart de cette perte à l'associé qui aurait reçu, en cas de succès, le quart des profits. En conséquence, la contribution du commandité au

(1) Justinien, Institutes, liv. 3, tit. 25, § 2.

passif social sera proportionnelle à son apport (Nap., 1853, § 1). »

S'il n'a mis en commun que son industrie, comment apprécier cet apport? On pourrait recourir à une expertise; mais le législateur craint l'arbitraire dans une évaluation aussi délicate; il prévient le procès en décidant que cette mise sera réputée équivalente à la moindre des autres mises (Nap., 1853, § 2).

Le droit romain fixait différemment, dans le silence du contrat, les pertes contributoires des associés : elles étaient égales. Certains commentateurs, voulant accorder à tout prix les lois romaines et les lois françaises, ont soutenu que les parts étaient, non égales entre elles, mais proportionnelles aux mises. Cette interprétation répugne au sens grammatical des mots *æquas partes*. De plus, elle est en contradiction avec plusieurs passages du *Digeste*. En effet, Ulpien présente, *comme dérogeant au partage ordinaire*, le contrat, qui assigne 2/3 à un associé et 1/3 à l'autre; donc, le partage ordinaire était le partage égal (1)! Ailleurs, Pomponius dit qu'un sage arbitre *ne doit pas toujours* attribuer aux associés des parts égales; donc, l'attribution habituelle se faisait sur le pied de l'égalité!

Le législateur français a-t-il eu raison de rempla-

---

(1) Digeste, liv. 17, tit. 2, fr. 29, Principium, Ulpien.
   Idem.   fr. 6, Pomponius.

cer les parts égales par des parts proportionnelles aux mises ? L'égalité des parts était justifiée, à Rome, par deux raisons : d'abord, les parties n'ayant pas stipulé des parts différentes, il était vraisemblable qu'elles n'avaient pas de motifs pour faire cette stipulation, c'est-à-dire qu'elles avaient apporté des choses équivalentes ; or, il eût été imprudent de substituer à cette présomption grave la preuve testimoniale, si souvent trompeuse ! En second lieu, la Société présentait, chez ce peuple peu commerçant, un caractère de fraternité qui conduisait naturellement à l'égalité des parts. Ces deux raisons n'existent pas en France. En effet, si l'ensemble des mises sociales dépasse 150 francs, le contrat doit être constaté par écrit ; et, par conséquent, on peut connaître l'apport de chaque associé sans s'exposer aux dangers de la preuve testimoniale. S'agit-il d'une Société en commandite par actions, la valeur relative des apports apparaît clairement, car la plupart consistent en sommes d'argent ; et, ceux qui sont d'une autre nature doivent être soumis à l'appréciation d'une assemblée générale. Quant à la seconde raison d'égalité, il est évident qu'elle a disparu ; les Sociétés modernes, notamment la Société en commandite par actions, sont inspirées, non par la fraternité, mais par la spéculation. Donc, notre législateur a bien fait de repousser l'égalité des parts, pour admettre des parts proportionnelles aux mises.

32. Ces deux règles, écrites pour suppléer au si-

lence des parties, cèdent à des clauses expresses du contrat de Société. S'il a fixé la part contributoire du commandité, cette fixation doit être religieusement observée. Toutefois, ne souffrez pas qu'on se joue des lois : voyez-vous cet usurier qui stipule, non l'affranchissement de toute contribution, mais une contribution microscopique! Châtiez sa mauvaise foi en traitant cette quasi-exemption comme une exemption absolue (Nap., 1855, § 2). La liberté de déroger à la contribution légale favorise l'élan de l'industrie, car elle lui donne plus d'auxiliaires; mais elle livre passage à la fraude. Un fondateur de Société, abusant de l'ignorance des actionnaires, stipule quelquefois des immunités importantes. La loi nouvelle oppose un double obstacle à cette ruse coupable : d'abord, elle exige que toute stipulation d'avantages particuliers soit soumise au même contrôle que les apports non-pécuniaires : vous savez quelle est la sévérité de ce contrôle (L. command., 4). De plus, elle impose une lourde charge au fondateur de commandite par actions qui a voulu s'attribuer une immunité insolite. Supposez que l'omission d'une précaution récemment prescrite contre la fraude fasse annuler le contrat : ce fondateur est suspect de complicité, et le tribunal *pourra* le déclarer responsable, solidairement et par corps, avec le gérant de la Société annulée (L. command., 7). Un commandité a peut-être stipulé une certaine part de profits, et omis de s'expliquer sur sa part contributoire : l'équité et le droit romain, suppléant à cette omission, assignent à ce commandité la même part dans les charges que dans les gains (1).

55. Il est possible que les associés préfèrent une contribution conventionnelle à la contribution légale, mais ne soient pas en mesure de la fixer au moment du contrat; par exemple, on veut mettre à l'épreuve l'industrie d'un associé, avant de préciser la valeur de cette industrie, et, partant, la contribution de celui qui l'apporte. Alors, les associés peuvent désigner un arbitre pour faire ultérieurement le règlement des parts; rien n'empêche que cet arbitre soit un membre de la Société. Sa décision devra être suivie, à moins qu'elle ne blesse évidemment l'équité. Le législateur présume volontiers la ratification de cette décision : si vous l'avez exécutée, ou si, la connaissant, vous avez gardé le silence pendant trois mois, votre réclamation ne sera plus recevable (Nap., 1854). Supposez que l'arbitre désigné meure sans avoir statué, ou qu'il devienne incapable de le faire, ou qu'il refuse de se prononcer : dans tous ces cas, les Romains annulaient la Société. Elle a été contractée, disaient-ils, sous la condition suspensive que tel arbitre fixerait les parts contributoires; cette condition étant défaillie, la convention est sans force (2). Cette décision n'est pas repro-

---

(1) Justinien, Institutes. liv. 3, tit. 25. § 3.
(2) Digeste, liv. 17, tit. 2, fr. 73, Celsus.

duite par le Code Napoléon au titre de la Société ; mais il annule la vente dans les mêmes hypothèses (Nap., 1592). Nous pouvons appliquer, par analogie au contrat de Société, cette disposition conforme à la raison et au droit romain.

54. Nous connaissons la part contributoire du commandité ; reste à déterminer le passif total. Quand le contrat se dissout, la personne métaphysique, qu'on appelle la Société, disparaît aussitôt. Elle laisse un patrimoine, composé de droits et de dettes, que je passerai en revue dans le chapitre V de la 1re partie. Le soin de ce patrimoine est confié à un ou plusieurs liquidateurs, désignés par le contrat de Société ou par une convention postérieure, ou subsidiairement par la justice. Pour nommer ou révoquer les liquidateurs, la majorité des associés me paraît suffisante : elle suffit bien pour élire les membres du conseil de surveillance! La raison demande, dans le silence de la loi, que les liquidateurs fassent dresser un inventaire des meubles et un état des immeubles : c'est le moyen d'éviter les fraudes et de prévenir les soupçons. Les liquidateurs ont deux missions à remplir ; d'abord, ils doivent continuer les opérations commencées par la Société et les mener à fin, sans lenteur, mais sans brusquerie ; s'ils n'ont pas les connaissances requises pour ces opérations, ils peuvent s'adjoindre un gérant, à leurs risques et périls. En second lieu, les liquidateurs doivent recouvrer les valeurs dues à la Société et payer ses dettes, ainsi que les charges posthumes de son patrimoine. Leurs pouvoirs sont ceux d'un administrateur-général ; par conséquent, ils ne peuvent transiger, compromettre, emprunter, aliéner un immeuble sans un mandat spécial. Quand ils ont reconnu et balancé l'actif et le passif, la différence apparaît clairement : si l'actif est absorbé par les charges, ou, du moins, s'il est inférieur au patrimoine de la Société naissante, il y a perte pour les associés ; c'est cette perte commune qui est imposée au commandité suivant la proportion déjà déterminée.

§ 3. — Obligations des commandités non-gérants envers les tiers.

55. L'associé qui est autorisé à signer sous la raison sociale est investi d'un double mandat : non-seulement il engage la personne métaphysique; mais encore il oblige solidairement chacun des commandités : ce double mandat est une lourde charge pour les commandités, mais il donne un grand essor au crédit de la société (Com. 23).

56. Cette solidarité entraîne une grave conséquence lorsque la Société tombe en faillite : il faut alors avoir soin de déclarer au greffe commercial, dans les trois jours de la cessation des payements, le nom et le domicile de chaque commandité (Com., 438, § 2 et 24 combinés). Si votre nom est omis dans cette déclaration, vous êtes soupçonné d'avoir caché frauduleusement votre qualité de commandité, et ce soupçon *autorise* le tribunal de police

correctionnelle à vous punir comme banqueroutier simple (Com., 584, 586, § 4). Prenez garde : vous encourrez de déshonneur et un emprisonnement d'un mois à deux ans (Pén., 402, 404) !

SECTION II. — Droits des commandités non-gérants.

37. Le commandité non-gérant a des droits envers différentes personnes : quelques-uns peuvent être invoqués contre l'être abstrait qu'on nomme la Société ; d'autres ne sont opposables qu'aux héritiers de cette personne métaphysique ; d'autres enfin ne sauraient être allégués qu'envers les tiers. En conséquence, je diviserai en trois classes les droits du commandité non-gérant :

1° Droits envers la Société ;
2° Droits envers les héritiers de la Société ;
3° Droits envers les tiers.

§ 1er. — Droits des commandités non-gérants envers la Société.

38. 1re *Droit à certaines indemnités.* — Voici un commandité qui est poursuivi par un créancier de la Société comme débiteur solidaire : il est forcé de payer toute la dette ; mais, comme l'engagement a été contracté dans l'intérêt exclusif de la personne métaphysique, il est caution à l'égard de cette personne, et peut réclamer d'elle tout ce qu'il a payé (Nap., 1216, 1852).

39. Passons à un cas plus rare : un commandité a

fait *spontanément* une dépense dans l'intérêt de la Société. Il faut lui appliquer les principes de la gestion d'affaires : il ne pourra répéter de la Société que les sommes utilement déboursées (Nap., 1375).

40. Au lieu d'une somme dépensée, supposez seulement une obligation contractée : le commandité pourra, suivant la même distinction, se faire indemniser par la Société (Nap., 1852, 1375).

41. *2° Droit à une partie des bénéfices sociaux.* — Tant que le contrat subsiste, la personne collective qu'on appelle la Société est propriétaire de la masse sociale et de ses produits. Mais elle est débitrice envers les associés, individuellement considérés, des bénéfices qui ne sont pas employés au roulement ou à l'extension de l'entreprise. Chaque année le gérant dresse un inventaire de la fortune sociale, et propose, s'il y a lieu, la distribution d'un certain dividende. Ainsi, durant la Société, le droit du commandité n'est qu'une créance de somme d'argent : donc ce droit est mobilier ; donc (Nap., 529), il tombe dans la communauté conjugale, si le commandité se marie sans contrat pécuniaire (Nap., 1401).

42. Cette créance étant payable par année, est éteinte par la prescription de cinq ans (Nap., 2277), il importe au commandité de réclamer promptement sa part de dividende.

43. Mais quelle est l'étendue de cette part? Si le contrat ne l'a pas déterminée, elle sera, comme la part contributoire, proportionnelle à votre apport (Nap., 1853). Cet apport consiste-t-il en industrie, il

est réputé équivalent à la plus faible des autres mises (*voir* n° 31).

44. Si le contrat a fixé votre part de bénéfices, cette clause prévaut sur le partage légal. Cependant la liberté des conventions doit respecter certaines bornes : imaginez un commandité qui s'arrogerait, comme le lion de la fable, tous les profits de l'entreprise ; cette *Société léonine* serait frappée de nullité (Nap., 1855). Cette décision est parfaitement sage ; en effet, de deux choses l'une : ou cette stipulation égoïste a été arrachée par la violence, et alors l'équité l'annule (Nap., 1111) ; ou elle a été consentie par l'affection, et alors c'est une donation nulle pour défaut de formes (Nap., 931 et S.).

Il faudrait assimiler à la Société léonine celle qui attribuerait à certains associés des parts dérisoires (*voir* n° 32).

Sauf ces restrictions, les associés peuvent assigner au commandité une part de bénefices supérieure à la part légale. Mais la loi récente, redoutant les intrigues du commandité, soumet la stipulation de cet avantage insolite au contrôle sévère de l'assemblée générale des actionnaires : cette stipulation est assimilée à celle d'une immunité extraordinaire et à l'apport qui ne consiste pas en numéraire. Voyez, pour les détails, le n° 23 de ce Traité (L. command. 4).

La défiance du législateur va plus loin. Supposez que la Société soit annulée pour omission d'une précaution édictée contre la fraude par la loi du 17 juillet 1856 : si l'auteur de la stipulation insolite est fondateur de la Société, il est présumé complice de cette omission ; par conséquent, il peut être déclaré responsable, solidairement et par corps, avec le gérant de la Société annulée (Loi command., 7).

Quelquefois les associés fixent dans le contrat la part contributoire du commandité et gardent le silence sur sa part de bénéfices : dans ce cas il faut sous-entendre, pour le cas de succès, la part exprimée pour le cas de revers (*voir* n° 32).

45. Au lieu de fixer par le contrat la part de bénéfices qui sera attribuée au commandité, les associés peuvent en confier le règlement à un ou plusieurs arbitres. Suivez alors les règles déjà tracées pour le cas où la part contributoire doit être fixée par arbitres (*voir* n° 33).

46. Les divers droits du commandité envers la Société peuvent donner naissance à des contestations ; les obligations du commandité vis-à-vis de la Société peuvent aussi soulever des différends. Or, vous savez que la nécessité de l'arbitrage, longtemps imposée aux associés qui agitaient des questions de Société, a été recémment supprimée au profit des tribunaux de commerce. Un commandité regrette ces juges qui statuaient sans précipitation et sans publicité : peut-il stipuler dans le contrat de Société que ces discussions avec la Société seront tranchées par des arbitres ? Pour parler le langage technique, *la clause compromissoire* est-elle valable ? Cette question était vivement controversée avant la suppression de l'arbitrage forcé, et le député-rapporteur a dé-

claré devant le Corps Législatif que la commission n'avait pas cru devoir la trancher. Le champ de la discussion demeure donc ouvert.

Remarquez d'abord que la suppression de l'arbitrage forcé n'implique pas la prohibition de la clause compromissoire. Le législateur ne vous force plus à employer l'arbitrage ; mais il ne vous défend pas d'en user. Vous décharger d'une obligation, ce n'est pas vous priver d'un droit.

On invoque contre la clause compromissoire l'article 1006 du Code de procédure. Que veut-il ? Que le compromis désigne les objets en litige et les noms des arbitres. C'est une sage exigence : choisir un arbitre pour un objet encore inconnu, ce serait s'exposer à être jugé par un homme sans connaissances spéciales au litige. Mais, dans notre hypothèse, il ne s'agit pas de désigner un arbitre pour un objet inconnu : il est seulement question de convenir *en général* qu'on sera jugé par des arbitres : quant au choix de ces arbitres, il sera fait, après la naissance de la contestation, par les parties ou par le tribunal. L'article 1006 du Code de procédure est donc étranger à notre question.

Cet argument réfuté, songez au principe de la liberté des conventions, qui domine tout le droit français. Toute convention est permise, à moins qu'elle ne blesse l'ordre public ou les bonnes mœurs (Nap., 6). Certes, elle n'a rien d'immoral la convention de se soumettre à une juridiction que le législateur a imposée durant plusieurs siècles ! Ce principe général

suffirait pour soutenir la clause compromissoire.
Que voulez-vous encore? Un texte spécial? Le voici :
je ne le trouve pas au titre des Sociétés commerciales,
et la raison en est simple : puisque ce titre prescri-
vait l'arbitrage, il n'avait pas besoin de le permettre.
Mais le titre des assurances, qui n'impose pas la
juridiction arbitrale, autorise expressément la clause
compromissoire (Com., 332). Ainsi vous apprenez,
par la bouche même du législateur, que cette stipulation n'est pas contraire à l'ordre public! Donc
vous devez la valider. Espérez que les tribunaux,
peu favorables à la clause compromissoire, aban-
donneront cette rigueur funeste au commerce.

**§ 2. — Droits des commandités non-gérants envers les héritiers
de la Société.**

47. 1° La dissolution de la Société peut devancer
les prévisions du commandité non-gérant : surpris
par cette dissolution au moment d'invoquer quelque droit contre la Société, il peut diriger son action contre les héritiers de la personne collective.
Mais, figurant parmi ces héritiers, il voit une partie
de son droit éteinte par confusion. Sachant quelle
partie du passif social est imposée au commandité,
vous pouvez facilement préciser la portion de ses
droits qui est éteinte par confusion (*voyez* les
n°ˢ 31 , 32 , 33).

48. 2° Avant le partage, le commandité peut avoir
le droit de faire certains prélèvements. Supposez

4.

qu'il ait apporté à titre de mise sociale, non la propriété, mais *la jouissance* d'un corps certain : il peut le revendiquer, quand la Société est dissoute. Si ce corps certain a péri par la faute de la Société, c'est-à-dire par la faute de son gérant, le propriétaire peut demander une juste indemnité. Mais, si la chose a péri sans la faute de la Société le commandité à qui cette chose appartenait ne peut rien réclamer : c'est un accident auquel tous les propriétaires sont exposés (Nap., 1851).

49. Voici une hypothèse voisine de la précédente, mais qui en diffère profondément par ses conséquences ; vous avez transféré à la Société la pleine propriété de la chose apportée par vous ; mais vous avez stipulé que le prix de cette chose vous serait payé *sans intérêts* avant le partage de la masse sociale : votre mise consiste donc, non dans la jouissance de la chose, mais dans la *jouissance du prix.* Vous avez le droit de réclamer avant le partage le payement de ce prix. Dans le cas précédent, la dette de la Société avait pour objet un corps certain : la destruction de ce corps rendait impossible l'exécution de l'obligation, et partant, elle libérait la débitrice (à moins qu'une faute imputable à la Société ne produisît une dette d'indemnité). Au contraire, dans l'hypothèse présente, la dette de la Société a pour objet une quantité : par conséquent, nulle perte ne peut éteindre cette obligation.

50. Il est donc fort important de distinguer si la propriété de la chose apportée a été transférée à la

personne métaphysique, ou retenue par l'auteur de l'apport. Pour prévenir le doute à cet égard, le législateur formule plusieurs décisions, motivées par des présomptions graves. Il est des choses dont on ne peut guère user qu'en les consommant (tels sont le blé, le vin, l'argent monnayé) : quand vous en avez conféré la jouissance à la Société, il est vraisemblable que vous vouliez l'autoriser, non-seulement à en faire parade, mais aussi à les consommer ; donc la Société doit être présumée propriétaire de ces choses, à charge d'en payer le prix sans intérêts quand le contrat sera dissous ; par conséquent, elle est débitrice d'une quantité, et ne peut être libérée par aucune perte. Certaines choses se détériorent par cela seul qu'on les conserve longtemps : on peut citer par exemple la viande et le poisson. Si vous avez apporté à la Société la jouissance de pareilles choses, il est vraisemblable que vous vouliez prélever, quand viendrait le partage, non ces choses fatalement altérées, mais leur prix sans intérêt : donc la Société doit être réputée débitrice d'une quantité, et aucune perte ne peut la dégager.

S'agit-il d'une chose destinée à être vendue, ou d'une chose mise dans la Société avec une estimation écrite ? La même présomption amène la même décision (Nap., 1851).

51. A mon avis, ces présomptions doivent céder à la preuve contraire : par exemple, on peut démontrer que l'estimation avait seulement pour but de faciliter, en cas de dégradation, le règlement des

dommages-intérêts. Pour que cette présomption légale exclût la preuve contraire, il faudrait que la loi eût attaché à cette présomption la nullité d'un acte ou le refus d'une action (Nap., 1352).

52. Le plus souvent cette présomption sera suivie, et le commandité prélevera, lors du partage, le prix dont il a cédé la jouissance à la Société. Comment fixer ce prix? Si la chose a été estimée lors du contrat, cette estimation sera la règle des parties (Nap., 1851). A défaut d'estimation, je crois qu'il faut déterminer le prix d'après la valeur que la chose avait à l'époque du contrat.

53. 3° J'arrive au droit le plus important que le commandité puisse invoquer contre les héritiers de la Société : c'est le droit de réclamer une partie de l'actif social. Vous savez comment les liquidateurs balancent les biens et les charges de la Société défunte, et font apparaître en dernière analyse, un actif à partager ou un passif à supporter (*voyez* le n° 34). Si la liquidation révèle plus de charges que de biens, le droit dont je vais parler se trouve sans objet; mais plaçons-nous dans l'hypothèse d'une Société prospère.

54. A quelle partie de l'actif net le commandité peut-il prétendre? Elle est déterminée comme sa part des bénéfices distribués par la Société vivante. Vous pouvez consulter à cet égard les n°⁵ 43, 44 et 45.

La Société étant assimilée à un homme décédé, il est logique d'appliquer au partage du fonds so-

cial les règles tracées pour le partage des successions. Toutefois, il faut apporter du discernement
dans cette application : certaines faveurs sont accordées aux héritiers d'une personne physique, par
respect pour l'esprit de famille : il serait absurde
d'étendre ces faveurs aux héritiers de cette personne métaphysique qu'on appelle la Société. Parcourons rapidement les principales règles du
partage.

55. Suivant le Code Napoléon (art. 1872) *les
formes* prescrites pour le partage entre héritiers
doivent être également observées pour le partage
entre associés.

56. Aux termes du même article, le partage produit *les mêmes obligations* entre associés qu'entre
héritiers. Donc, si le partage cause à l'un des associés une lésion supérieure au quart de sa portion,
il a une action en rescision (Nap., 887). La raison
de cette disposition, c'est que la spéculation doit
être bannie des partages. Supposez qu'un tiers se
rende adjudicataire d'un lot : à son égard la spéculation est tolérée, comme à l'égard de tout ache-
teur ; donc il ne pourra invoquer que les principes
de la vente ; en d'autres termes il ne pourra demander la rescision que pour une lésion supérieure aux
sept douzièmes de la chose adjugée, et son action
ne durera que deux ans.

57. Il peut arriver que la part attribuée au commandité soit justement fixée, mais qu'il en soit dé-
pouillé par la revendication d'un tiers. Alors il a le

droit de recourir en garantie, comme un héritier évincé, contre ses copartageants (Nap., 884).

88. Ce droit à la garantie est une créance conditionnelle, et les créances sont bien caduques lorsqu'elles ne s'appuient pas sur un droit réel. Aussi le législateur a-t-il attaché à cette créance conditionnelle un privilége qui repose sur tous les immeubles partagés (Nap., 2103, § 3°).

Ce privilége doit être accordé à l'associé comme à l'héritier ; car il est motivé par l'esprit d'équité, qui doit régner dans tous les partages. Mais il ne faut pas l'étendre au tiers qui intervient au partage comme adjudicataire ! C'est un spéculateur qui doit subir les conséquences de sa spéculation.

Si quelque soulte ou retour de lot est due à un commandité par suite du partage, cette créance est garantie comme la précédente, par un privilége qui frappe tous les immeubles partagés (Nap., 1872 et 2103, § 3, combinés).

Certains biens se prêtent difficilement au partage : telles sont la plupart des usines. On recourt alors à une licitation, et le prix doit être réparti entre les associés : la créance qui a pour objet une partie de ce prix est garantie par un privilége qui grève le bien licité. L'article 2109 du Code Napoléon accorde ce privilége, non-seulement aux cohéritiers, mais aux copartageants de toutes sortes.

Pour conserver ces priviléges importants, le commandité doit remplir les conditions de publicité qui sont prescrites par la loi du 23 mars 1855, relative au régime hypothécaire.

59. Jusqu'ici j'ai tracé les règles du partage en suivant pour guide l'article 1872 du Code Napoléon. Mais cet article est muet sur ce qu'on appelle *l'effet déclaratif du partage :* devons-nous attribuer cet effet au partage de la masse sociale? Tant que subsiste le contrat de commandite, cette personne métaphysique qu'on nomme la Société est seule propriétaire de la masse sociale : la copropriété des associés commence, dans une Société civile, à la naissance du contrat; dans une Société commerciale, à la dissolution du contrat. En réalité, deux phases bien distinctes suivent cette dissolution; jusqu'au partage, chaque associé à une part indivise dans chaque bien social ; par le partage, chaque associé aliène la part indivise qu'il avait dans une chose, et il acquiert en retour les parts indivises que son coassocié avait dans une autre chose : donc le partage est un acte translatif de droits. Telle est la vérité ; mais elle a de fâcheuses conséquences. Supposez que l'un des copropriétaires soit frappé d'une hypothèque légale ou judiciaire, entre la dissolution du contrat et le partage de la masse sociale : cette hypothèque générale grèvera tous les immeubles qui dépendent de cette masse, car il a sur chacun d'eux un droit indivis. Pour soustraire les cohéritiers à cette lourde charge, on a imaginé une fiction digne des préteurs romains (Nap., 883). Le partage, dit-on, ne crée pas un droit nouveau : il

manifeste un droit préexistant, mais connu de Dieu seul avant cet acte révélateur ; la part qu'on vous reconnaît aujourd'hui vous appartenait dès la mort de votre auteur ; donc vos cohéritiers n'ont pu la grever d'aucune charge. Cette fiction salutaire est connue sous le nom d'effet déclaratif du partage. Les raisons qui l'ont fait admettre s'appliquent à la succession d'une personne métaphysique comme à celle d'une personne physique. Donc, nous pouvons attribuer un effet déclaratif au partage qui suit la dissolution d'une Société en commandite par actions. Telle est l'opinion générale des jurisconsultes.

La fraude, qui abuse de tout, se fait quelquefois une arme de cette fiction bienfaisante. Un héritier grève de servitudes ou d'hypothèques sa part indivise des immeubles héréditaires ; puis il intrigue sourdement pour que son lot soit purement mobilier. Pour déjouer ce plan coupable, la loi permet à ses créanciers d'assister au partage (Nap., 882) ; ils peuvent même attaquer le partage consommé, s'il a été opéré en leur absence et au mépris de leur opposition. L'équité commande d'étendre cette disposition aux créanciers du commandité qui invoque l'effet déclaratif du partage.

60. Je passe à certaines faveurs, accordées à l'héritier d'une personne physique, qui ne doivent pas être étendues à l'héritier d'une Société.

Aux termes du Code Napoléon, chacun des cohéritiers peut demander sa *part en nature* des

meubles et immeubles de la succession (Nap., 826).
Pourquoi ? Parce que l'enfant aime la maison qui a
couvert son berceau ; parce que les meubles de son
père lui rappellent des souvenirs précieux ; parce
que rien n'égale la valeur d'affection ! Mais les
biens d'une Société sont des instruments de lucre
qu'on emploie sans attachement, et qu'on quitte
sans regret.

Ainsi, il ne faut pas étendre au commandité le
droit de demander une part en nature. L'esprit des
Sociétés, c'est l'esprit de gain : donc, vendez les
biens sociaux, si cette vente doit tourner au profit
commun.

61. Il est une faveur plus grande encore que la
loi accorde à l'héritier d'une personne physique : on
l'appelle *retrait successoral*. Voyez-vous cet homme
au regard oblique, qui épie les héritiers empressés ou
craintifs ? Il va exagérer à leurs yeux les lenteurs du
partage ou les charges de la succession ; puis il leur
proposera, en échange de leur titre déprécié, une
somme modique, mais payée à l'instant. Si sa ruse
triomphe, vous le verrez bientôt violant les secrets
de la famille, suscitant mille chicanes, et forçant
les autres héritiers à acheter le repos par de ruineuses
concessions. La loi redoute cet ennemi de la paix
domestique ; d'ailleurs, elle respecte cet esprit de
famille qui voit avec douleur les biens paternels
passer en des mains étrangères ; entraînée par les
deux sentiments, elle autorise les cohéritiers du
cédant à écarter le cessionnaire en lui remboursant

le prix de la cession (Nap., 841). Faut-il accorder le même droit au commandité envers le cessionnaire de son copartageant? Pour briser un contrat consommé, il faut de graves raisons; or la Société n'a pas, comme la famille, des secrets inviolables ; l'associé n'attache pas aux biens partagés cette valeur d'affection qui contribue à justifier le retrait successoral ; enfin, les membres d'une Société par actions doivent s'attendre, chaque jour, à se trouver en face de copropriétaires inconnus. Voilà des motifs sérieux pour refuser au commandité une faveur analogue au retrait successoral.

§ 3. — Droits des commandités non-gérants envers les tiers.

62. 1er *droit.* En acceptant la qualité de commandité, vous avez donné au gérant de la Société le pouvoir de vous obliger solidairement avec la personne morale, toutes les fois qu'il contracterait sous la raison sociale. A la vérité, vous avez assumé cette solidarité dans l'intérêt de la Société, et partant, vous pouvez recourir contre elle comme caution (Nap., 1216) ; mais dans vos rapports avec les tiers, vous êtes un *codébiteur solidaire ;* donc, vous ne pouvez invoquer ni le bénéfice de discussion, ni le bénéfice de division. Toutefois, il vous reste quelques moyens de défense, car tout codébiteur solidaire peut opposer au créancier trois sortes d'exceptions (Nap., 1208).

Et d'abord, vous pouvez alléguer les exceptions *qui vous sont personnelles :* par exemple, le créancier qui vous poursuit vous a poussé par des manœuvres frauduleuses à entrer dans la Société; ou bien une personne quelconque a usé de violence pour vous faire accepter la qualité de commandité.

En deuxième lieu, il vous est permis d'invoquer les exceptions *qui résultent de la nature de l'obligation :* ainsi cette obligation a-t-elle une cause illicite? A-t-elle un objet indéterminé ou inaccessible au commerce? Vous allez vous prévaloir avec succès de ces circonstances extraordinaires.

Enfin, *les exceptions communes* à tous les codébiteurs, telles que le payement ou la remise de dette, vous seront accordées sans difficulté.

63. *2ᵉ droit.* Voilà les armes, que le droit civil vous fournit contre les créanciers de la Société; le droit commercial vous en offre une autre, qui mérite une grande attention. La responsabilité solidaire que vous avez acceptée pour étendre le crédit de la Société ruinerait votre crédit personnel si elle survivait trente ans à la personne morale. Voulant vous ouvrir l'accès de nouvelles entreprises, le législateur établit en votre faveur une *prescription de cinq ans* (Com., 64). Mais il faut que les tiers connaissent l'extinction de la personne morale, pour qu'ils soient en demeure de vous poursuivre : tant qu'ils peuvent croire à l'existence de cette personne, leur silence à votre égard n'a rien d'extraordinaire :

ils se reposent sur la solvabilité de cet être abstrait. Donc, la prescription ne courra contre eux que du jour où ils pourront connaître l'extinction de la Société. Si elle est dissoute par l'expiration du terme convenu, il suffit que le contrat ait été enregistré et affiché conformément aux articles 42, 43, 44 et 46 du Code de Commerce (que j'expliquerai dans le 5ᵉ chapitre de la 2ᵉ partie); si la dissolution dérive d'une autre cause, il faut la publier dans les mêmes formes : la prescription ne courra que du jour où ces formalités seront remplies.

04. J'ai exposé le motif de cette courte prescription : c'est le besoin *d'alléger la responsabilité solidaire* qui pèse sur le commandité. Nous pouvons en conclure que cette prescription de faveur est opposable à ceux-là seulement qui se prévalent de la solidarité, c'est-à-dire aux créanciers de la Société. Elle ne peut pas être invoquée par un commandité *contre un autre associé :* car il n'est pas envers celui-ci codébiteur solidaire de la personne morale. Elle ne serait pas alléguée plus heureusement par les héritiers de la Société contre un créancier social : car ils ne sont pas tenus solidairement *en qualité d'héritiers.*

05. Ainsi cette arme défensive n'est donnée qu'aux commandités, et seulement lorsqu'ils sont poursuivis par un créanci   de la Société comme codébiteurs solidaires de la personne morale. Des jurisconsultes distingués ont voulu restreindre encore l'usage de ce bouclier salutaire, et le refuser au *com-*

mandité-liquidateur (1) : L'article 64, disent-ils, n'accorde cette prescription qu'aux associés non liquidateurs. Repoussons cette doctrine. En effet le commandité-liquidateur mérite autant de faveur que les autres commandités.. D'ailleurs, la loi dit que la prescription de cinq ans n'éteindra pas *toutes* les actions des créanciers sociaux contre l'associé-liquidateur; mais elle ne dit pas que cette prescription n'en éteindra *aucune.* Il faut distinguer en lui *deux qualités :* celle de commandité qui l'expose pendant cinq ans seulement à la poursuite solidaire des créanciers sociaux ; et la qualité de liquidateur, qui le soumet pendant trente ans à l'obligation de rendre compte de sa liquidation. Si vous ne faites pas cette distinction, vous arriverez à une conséquence absurde : l'associé-liquidateur, solidairement poursuivi par les créanciers sociaux, recourra contre ses associés, et ils perdront, par ce détour, le bénéfice de la prescription de cinq ans. A la vérité, cette action récursoire sera moins fâcheuse pour eux que l'action directe des créanciers : car elle sera divisée au lieu d'être solidaire, et ils pourront opposer les exceptions personnelles à l'auteur du recours; mais c'est toujous un trouble pour eux et une atteinte pour leur crédit, qui sont contraires à l'esprit de l'article 64. Donc, il faut décider que le commandité-liquidateur est tenu envers les créan-

---

(1) Pardessus, Delvincourt, Troplong.

ciers sociaux, comme liquidateur, pendant trente années ; mais comme associé, pendant cinq années seulement (1).

66. Cette courte prescription n'est pas une faveur personnelle au commandité : elle peut être invoquée par sa veuve, par ses héritiers, et généralement par ses ayant cause.

67. Un commandité peut-il céder sa qualité et subroger ainsi une autre personne dans ses droits et ses obligations ? C'est un principe de raison que nul ne peut, par sa seule volonté, lier les autres ou se libérer soi-même. Appliquant ce principe à notre question, les Romains décidaient qu'un associé ne peut pas introduire, sans le consentement des autres, un nouveau membre dans la Société (2). Le Code Napoléon sanctionne comme le Digeste, cette règle éminemment logique (Nap., 1861). Ce principe général qui empêche un associé de se substituer un tiers par sa volonté privée acquiert une nouvelle force quand il s'agit d'un commandité. En effet, la responsabilité solidaire qu'il a assumée est une source de crédit pour la Société et un appât qui attire de nombreux actionnaires : au lieu de Rotschild mettez un commandité inconnu ; le crédit de la Société s'évanouit aussitôt : les associés sont ruinés. Lors

---

(1) *Voyez* à ce sujet une dissertation remarquable de M. Bravard (*Manuel de droit commercial*, page 94 et suivantes).
(2) Digeste, liv. 17, tit. 2, fr. 19, Ulpien.

même que le subrogé serait déjà membre de la Société, cette subrogation serait nulle à l'égard des autres associés : car elle leur ravirait toujours une source de crédit et une garantie importante sur laquelle ils ont compté avec raison.

Supposez que tous les associés consentent à cette substitution de personnes : le commandité primitif n'est pas encore entièrement libéré. A la naissance de la Société, il a contracté envers les tiers la promesse solennelle de remplir solidairement tous les engagements souscrits sous la raison sociale : pour arrêter l'effet de cette promesse, il faut enregistrer et publier le changement d'associé, comme on a enregistré et publié l'engagement primitif. Cette publication déchargera le cédant des dettes ultérieurement contractées par la Société, mais non des obligations déjà souscrites (Com., 46, § 2).

Toutefois, vous pouvez cumuler la qualité de commandité et celle d'actionnaire, soit dans des Sociétés différentes, soit dans la même Société. Il vous sera facile de céder cette seconde qualité, suivant les règles que nous trouvons au chapitre troisième.

CHAPITRE II.

Obligations et droits des commandités-gérants.

SECTION Ire. — Obligations des commandités-gérants.

68. Les gérants d'une Société en commandite sont toujours des commandités, sans doute parce qu'il serait imprudent de confier le gouvernement des intérêts communs à un homme qui ne serait pas ruiné par la ruine de la Société. Par conséquent, les obligations des commandités non-gérants (que j'ai décrites dans le chapitre premier) pèsent également sur les commandités-gérants. De plus, ces derniers sont soumis à certaines charges que je vais passer en revue : les unes sont imposées aux gérants dans l'intérêt de la Société ; les autres, dans l'intérêt du public.

§ Ier. — Obligations des commandités-gérants envers la Société.

69. Le contrat de Société peut établir un ou plusieurs gérants, et leur imposer des obligations plus ou moins onéreuses : ce contrat doit être religieusement observé, à l'exception des clauses qui blesseraient l'ordre public et les bonnes mœurs (Nap., 6, 1859).

Si le contrat est muet ou laconique sur ce point, voici les règles qui suppléeront à son mutisme ou à son insuffisance.

70. S'il n'y a qu'un seul associé en nom, il est gérant nécessaire de la Société.

Il peut arriver qu'il y ait plusieurs commandités, mais que la gestion ne soit attribuée spécialement à aucun d'eux : alors la loi présume qu'on a voulu les appeler tous à l'administration, et leur impose à tous l'obligation de bien gérer; mais elle n'établit pas de solidarité entre eux (Nap., 1859, § 1, 1995).

Une telle lacune sera fort rare dans le contrat de Société. Le plus souvent il désignera un seul gérant : car l'unité de commandement a pour conséquences habituelles la suite dans les idées et la promptitude dans l'exécution.

71. Les parties ou la loi vous ont conféré la qualité de gérant : soit que vous en jouissiez seul, soit que vous la partagiez avec des collègues, vous êtes obligé de veiller aux intérêts de la Société. Mais la vigilance a des degrés : la loi réclame de quelques débiteurs ce soin scrupuleux qui distingue le bon père de famille; d'autres, l'application qu'ils apportent à leurs propres affaires; d'autres, enfin, cette attention superficielle qui se borne à éviter les imprudences saillantes. Auquel de ces degrés doit s'élever votre vigilance? Le droit romain et le droit français exigent seulement que vous traitiez les af-

5.

faires sociales comme vos propres affaires (1). Plusieurs considérations peuvent justifier cette décision. S'il s'agissait d'une chose remise en vos mains dans votre intérêt exclusif, la reconnaissance vous obligerait, comme le commodataire, à des soins minutieux; mais ce dépôt a eu lieu dans l'intérêt commun des parties. D'ailleurs, c'est la promesse, expresse ou tacite, qui est la mesure de l'obligation contractuelle : or, les associés qui vous ont choisi, d'après vos habitudes, sans exiger la promesse d'un soin parfait, *ont tacitement stipulé* que vous apporteriez aux affaires sociales votre vigilance habituelle.

Enfin, il n'est pas nécessaire de vous stimuler par la crainte d'un jugement sévère, puisque votre intérêt, compris dans l'intérêt social, aiguillonne sans cesse votre zèle.

Donc, le législateur a eu raison d'exiger du gérant, non la vigilance idéale, mais *celle qu'il apporte à ses propres affaires.*

72. Il tire de ce principe une conséquence remarquable. Imaginez deux dettes exigibles, à la charge du même débiteur, l'une au profit de la Société, l'autre au profit du gérant : devant soigner les intérêts de la Société comme ses propres intérêts, le gérant est obligé d'*imputer le payement sur les deux créances,* proportionnellement à leur impor-

---

(1) Justinien, Institutes, liv. 3, titres 25, 39.
Code Nap., 1848.

tance respective : toute imputation égoïste est nulle (Nap., 1848).

73. Le Code Napoléon suppose un autre acte d'égoïsme et le punit comme le précédent. Un associé a *reçu sa part seulement* d'une créance commune; puis le débiteur est devenu insolvable : cette perte doit être distribuée entre tous les associés (Nap., 1849). Cette hypothèse peut se réaliser dans une Société civile, mais non dans une Société commerciale : en effet, toute Société commerciale constitue une personne morale, qui est propriétaire unique des biens sociaux : donc le gérant qui imputerait à son profit le paiement partiel d'une créance sociale, usurperait le bien d'autrui. Si l'intérêt personnel l'aveuglait jusqu'à méconnaître la personnalité des Sociétés commerciales, je le traiterais, non comme un associé égoïste, mais comme un homme qui a reçu une chose indue (Nap., 1376).

74. L'obligation de gérer s'éteint avec la Société : au gérant succède le liquidateur. Mais le gérant n'est pas déchargé des dettes dont sa gestion l'a grevé envers la Société : les héritiers de la personne morale, représentés par le liquidateur, poursuivront le payement de ces dettes.

§ 2. — Obligations des commandités-gérants envers le public.

75. 1° *Obligation : N'émettre aucune action ou coupon d'action dont la valeur soit inférieure à cent francs, si le capital social n'excède pas deux cent* *mille francs; à cinq cents francs, si le capital social dépasse deux cent mille francs* (1). Cette obligation est imposée par la loi nouvelle à tous les fondateurs de commandites: le gérant est toujours un commandité, et il est nommé par le contrat même: donc il est au nombre des fondateurs de la Société, et partout il est grevé de cette obligation (Loi command., 11).

En édictant cette disposition, le législateur a voulu prévenir une fraude odieuse. Certains agioteurs émettaient des actions d'une modicité incroyable, pour attirer dans leurs mains les économies de la classe ouvrière; puis, profitant de son ignorance, ils la trompaient par mille ruses. On a vu des actions de 10 francs, de 5 francs, on dit même de 1 franc: c'était rétablir, sous le nom d'actions, ces billets de loterie qui ont ruiné tant d'artisans! Le législateur veut préserver les ouvriers de cette tentation dangereuse, et dans ce but il prohibe les actions trop minimes. En fuyant cet écueil il fallait prendre garde de se blesser contre un autre: élever trop le minimum des actions, c'est enlever à l'industrie le secours des fortunes moyennes, qui sont les plus nombreuses. Le législateur a cru se tenir au juste milieu en fixant le minimum des actions à 100 francs ou à 500 francs, suivant l'importance de la Société. Il aurait mieux valu, peut-être,

____

(1) L. command., 1.

adopter pour unique minimum le chiffre de 100 fr. En effet, les grandes entreprises ont besoin, comme les modestes, des petits capitalistes.

Quelle que soit l'importance de la Société, le danger est le même: il s'agit uniquement de proscrire ces souscriptions minimes que l'on donne aveuglément, comme on prend un billet de loterie : or la somme de cent francs est assez forte pour qu'un ouvrier ne l'expose pas avec témérité.

Jaloux de protéger la classe laborieuse, le législateur a corroboré cette obligation par des sanctions rigoureuses. Si elle a été violée, tout intéressé peut demander la nullité de la Société, et poursuivre le gérant comme responsable solidairement et par corps de toutes les opérations sociales (Loi command., 6, 7). De plus, le gérant, ou tout autre fondateur de la Société, qui émet une action inférieure au minimum légal, sera condamné à un emprisonnement de 8 jours à 6 mois, et à une amende de cinq cents francs à dix mille francs, ou à l'une de ces peines seulement (Loi command., 11).

70. *2ᵉ Obligation: Stipuler que les actions émises seront nominatives jusqu'à leur entière libération.*

Cette obligation est imposée par la loi nouvelle à tous les fondateurs d'une Société en commandite, notamment au gérant. Comme la précédente, elle a pour but de prévenir la fraude : quand les actions pouvaient être anonymes dès leur émission, la mauvaise foi avait une libre carrière. Voyez-vous ces hypocrites, qui redoutent l'opinion publique, mais qui sont prêts à voler dans l'ombre? Ils s'adressaient aux souscripteurs d'actions, qui n'avaient pas encore versé le montant de leurs souscriptions; ils achetaient à crédit ces titres au porteur, provoquaient la hausse par des manœuvres coupables, et vendaient leurs actions sans se faire connaître. Puis les intrigues découvertes amenaient la baisse des actions avec la ruine des porteurs; et les auteurs de ces désastres en jouissaient inconnus! Guerre, guerre intelligente à ces voleurs de coulisses! Telle a été la pensée du législateur: espérons que sa tactique sera victorieuse. Quand les souscripteurs ont entièrement satisfait à leurs engagements, la Société offre des garanties sérieuses: on est sûr que ce n'est pas une ombre de Société, et partant, on peut accorder plus de confiance à ses membres. Alors, mais alors seulement, les actions nominatives peuvent être converties en actions au porteur (Loi command., 2). Si le gérant émet des actions ou des coupons d'action au mépris de cette obligation, cette faute sera punie comme la violation de l'obligation précédente (Loi command., 7, 11).

77. *3e Obligation : Stipuler que le souscripteur d'une action ne pourra pas la négocier avant d'avoir versé les deux cinquièmes de la somme souscrite.*

Voilà encore une obligation imposée par la loi nouvelle au gérant et aux autres fondateurs d'une Société en commandite, afin de combattre la mauvaise foi. Nul ne pourra négocier son action avant d'avoir payé les deux cinquièmes de la somme par lui souscrite : donc la commandite ne sera plus accessible à ces joueurs dangereux qui souscrivaient sans argent pour vendre sans probité.

Toutefois, il ne faut pas exagérer la pensée du législateur : il a voulu bannir l'agiotage, mais non la transmission honnête. L'orateur du gouvernement et le Député-rapporteur ont exprimé nettement cette distinction : avant le versement des deux cinquièmes, l'action ne peut pas être *négociée*, c'est-à-dire aliénée par les voies commerciales; mais elle peut être transférée par tous les moyens qu'autorise le droit civil (Tels sont le testament, la donation, le transport signifié etc.).

Quelle est la sanction de cette disposition?

Si elle a été violée, tout intéressé peut demander la nullité de la Société, et le gérant sera responsable, solidairement et par corps, de toutes les opérations, sociales (Loi command., 6, 7).

Ce n'est pas tout : l'article 12 de la loi nouvelle prononce une amende de cinq cents francs à dix mille francs *contre toute personne qui participe* à cette négociation prohibée. A mon avis, le gérant qui a autorisé cette négociation dans l'acte d'émission encourt, comme complice, cette peine pécuniaire.

78. *4ᵉ Obligation : S'abstenir de toute clause qui libérerait les souscripteurs d'actions avant le payement intégral des sommes par eux souscrites* (Loi command., 3). Cette prescription tend, comme la précédente, à écarter les joueurs : le souscripteur

ne pouvant se dégager par une cession, on ne sous-
crira plus avec légèreté.

Si le contrat contient une clause contraire à cette
responsabilité indéclinable, tout intéressé peut demander la nullité de la Société, et poursuivre le gérant comme responsable, solidairement et par corps,
de toutes les opérations sociales (Loi command., 6, 7).

79. 5*e* *Obligation: Déclarer devant notaires, avant
de commencer les opérations, que le capital social
est entièrement souscrit, et que chaque actionnaire a
versé au moins le quart de la somme par lui promise;
annexer à cette déclaration la liste des souscripteurs,
l'état des versements et le contrat de Société (Loi
commund. (1)).*

Cette exigence de la loi nouvelle est dirigée tout
à la fois contre la témérité et contre la fraude. Un
gérant trop hardi commence l'exécution de ses projets avant d'avoir réuni tous les fonds dont il aura
besoin; soudain le manque d'argent paralyse son
activité, son crédit s'altère; et la Société, qui aurait
réussi avec une lenteur prudente, est ruinée par
cette folle précipitation. Le législateur a bien fait de
prémunir les esprits empressés contre cet entraîne-
ment dangereux.

Cette disposition n'est pas moins utile pour prévenir la fraude. Entendez-vous ce charlatan, paré
du nom d'inventeur, qui débite des promesses men-
songères pour escroquer l'argent des crédules? « Confiez-moi, dit-il, confiez-moi cent mille francs, et nous
aurons bientôt des millions à partager. » Dès qu'il

a fait quelques dupes, il organise un fantôme de Société et s'alloue des appointements qui dévorent le fonds social; quand il voit ce fonds presque épuisé, il déclare tranquillement que la Société doit se dissoudre faute de souscriptions suffisantes.

Pour conjurer ce double danger, il semble que le législateur aurait dû exiger, avant le commencement des opérations, le versement complet du capital social. Mais il serait fâcheux d'accumuler des valeurs qu'on ne pourrait pas utiliser sur-le-champ : d'ailleurs, tel souscripteur, qui peut faire des versements partiels, serait embarrassé pour trouver tout à coup une somme importante. La souscription entière du capital social est déjà une sûreté considérable; cette garantie acquiert une force singulière quand *chacun* des souscripteurs a versé le quart de la somme par lui promise : on peut dire alors que *chacun* d'eux est un actionnaire qui s'engage sérieusement, et non un agioteur qui se joue de sa parole.

Voulant assurer l'accomplissement de ces deux conditions, le législateur ne se contente pas d'une déclaration vaguement formulée par le gérant : il exige une assertion solennelle, faite *en présence de notaires;* à l'appui de cette allégation, il veut que le gérant dépose entre les mains de l'un des notaires la liste des souscripteurs, l'état des versements et le contrat de Société. En comparant ces trois pièces justificatives, on verra facilement si les conditions précitées sont remplies. Évidemment une liste vague ne suffit pas : il faut préciser le nom, la profession et le domicile de chaque souscripteur, ainsi que le montant de sa souscription. L'état des versements doit être dressé avec le même soin.

80. Quelle est la sanction de cette obligation imposée au gérant? Si cette déclaration est omise ou irrégulière, tout intéressé peut demander la nullité de la Société, et poursuivre le gérant comme responsable solidairement et par corps de toutes les opérations sociales (Loi command., 6, 7).

Si le gérant fait une déclaration mensongère, il sera frappé de la peine édictée contre les escrocs. En d'autres termes, il subira un emprisonnement d'un an à cinq ans, et une amende de 50 francs à 3,000 francs ; de plus, le tribunal pourra lui interdire l'exercice des droits mentionnés par l'article 42 du Code pénal, pendant cinq ans au moins et dix ans au plus, à compter du jour où il aura subi sa peine principale (Loi command., 13. — Pénal 405). S'il y a crime de faux, le châtiment sera plus sévère encore. A l'inverse, s'il existe des circonstances atténuantes, le tribunal pourra alléger la punition en se conformant à l'article 463 du Code pénal.

81. Cette peine grave et multiple n'est pas seulement applicable au gérant : elle atteint *tous ceux* qui ont simulé des souscriptions ou versements pour en provoquer de véritables, et généralement tous ceux qui ont employé des manœuvres frauduleuses pour attirer des actionnaires (Loi command., 13).

82. 6° *Obligation : Ne pas commencer les opérations sociales avant que le conseil de surveillance
soit entré en fonctions.*

La loi nouvelle, érigeant en nécessité un usage
salutaire, exige que toute Société en commandite
par actions soit munie d'un conseil de surveillance.
Les fonctions de ce conseil (que nous analyserons
dans le quatrième chapitre de la première partie),
peuvent se résumer en deux mots : contrôler le gérant dans l'intérêt des commanditaires. Il se compose
de cinq actionnaires au moins, choisis par l'assemblée générale des actionnaires immédiatement après
la constitution définitive de la Société. Pour que la
surveillance de ce conseil soit efficace, il faut évidemment que ces opérations sociales ne soient pas
commencées avant son entrée en fonctions. Mais,
dit-on, cette exigence va entraver la marche de la
Société, car il est difficile de réunir une assemblée
générale. Vaine critique ! ce conseil sera nommé
par la même assemblée qui a statué sur les apports
en nature et les stipulations d'avantages inusités.
D'ailleurs, la loi ne demande pas, pour cette nomination, une majorité de personnes et de capitaux :
elle se contente de la majorité ordinaire, c'est-à-dire
de la majorité relative des actionnaires présents. La
première nomination est faite pour un an : les can-
didats ne sont pas assez connus pour qu'on leur
confie un mandat prolongé. A la seconde nomination, ils ont fait leurs preuves : aussi peut-on étendre
jusqu'à cinq années la durée de leurs fonctions.

Les membres du conseil sont rééligibles (Loi command., 5).

Il peut arriver que l'un d'eux meure où se retire avant l'époque de la réélection. Il faut alors que les membres restant convoquent l'assemblée générale des actionnaires afin de lui donner un remplaçant (Loi command., 9). Mais cette lacune survenue au conseil n'arrête pas les opérations sociales : seulement la prudence conseille au gérant de presser la convocation des actionnaires, afin de se mettre à l'abri de tout soupçon.

Pour éviter ces réunions coûteuses, on fera bien de *porter au-dessus de cinq le nombre* des membres du conseil : cette précaution n'est pas contraire à la loi, et c'est un moyen commode pour ne pas tomber au-dessous du minimum légal. Il sera prudent de choisir un *nombre impair* de conseillers, afin de prévenir les partages d'opinions. Mais ce nombre, impair à l'origine, peut devenir pair par la mort ou la démission d'un conseiller. Voici une combinaison qui permet d'échapper à cet inconvénient, et qui fournit un nombre de conseillers toujours conforme au minimum légal : c'est de nommer avec les membres actifs des *membres suppléants*.

83. Le législateur attache une grande importance à ce rouage de la commandite par actions : aussi punit-il sévèrement le gérant qui commence les opérations sociales avant que le conseil de surveillance soit entré en fonctions. Il inflige à ce téméraire un emprisonnement de huit jours à

six mois et une amende de 500 francs à 10,000 fr. Toutefois, le tribunal, ayant égard aux circonstances atténuantes, peut n'appliquer que l'une de ces peines (Loi command., 11, § 2).

84. 7° *Obligation : Fournir chaque année un inventaire exact de la fortune sociale et ne jamais proposer la distribution de dividendes fictifs.* — Ces deux prescriptions, qui sont étroitement liées l'une à l'autre attaquent la fraude la plus dangereuse. Avant la loi nouvelle, on voyait un escroc organiser une Société en commandite, placer à la tête un gérant insolvable, et souscrire de nombreuses actions ; puis ce gérant vénal exagérait dans l'inventaire la valeur du fonds social, et concluait à une distribution de bénéfices ; les actions montaient rapidement et l'escroc vendait les siennes ; la brèche faite au fonds social amenait ensuite la baisse et la faillite de la Société ; les actionnaires et les créanciers recouraient vainement contre le gérant insolvable ; puis il partageait en secret avec son complice le produit de leurs manœuvres coupables.

Le législateur moderne a compris que la responsabilité civile du gérant est une garantie souvent illusoire : il y a ajouté une peine sévère qui frappe tout à la fois la fortune, le corps et l'honneur, en un mot la peine de l'escroquerie. Toutefois, il a permis au juge d'alléger le châtiment, suivant l'art. 463 du Code pénal quand les circonstances atténueraient la culpabilité (Loi command., 13, § 3, 4).

SECTION II. — Droits des commandités-gérants.

85. Les gérants sont nécessairement des commandités, car le Code de commerce décide, d'une part, qu'ils doivent être choisis parmi les associés (Com., 43, § 3); d'autre part, que les commanditaires doivent s'abstenir de la gestion (Com., 27). Cette disposition est pleine de sagesse : si la fortune du gérant n'était pas étroitement liée à celle de la Société, la mollesse pourrait se glisser dans son administration.

Puisque tout gérant est commandité, il a les mêmes droits que le commandité non-gérant ; mais, de plus, sa qualité de gérant entraîne certaines prérogatives que je vais énumérer.

86. Pour connaître les pouvoirs du gérant, il faut, avant tout, interroger avec soin le contrat de Société. Sur ce point, comme sur tout autre, la convention fait la loi des parties, à l'exception des clauses contraires à l'ordre public. Le contrat de Société est enregistré au greffe commercial et publié par extraits, pour que les tiers connaissent les pouvoirs du gérant : si, négligeant de consulter ces documents, ils font avec le gérant un acte qui dépasse ses pouvoirs, ils ne pourront pas s'en prévaloir contre la Société.

87. Il peut arriver que le contrat soit muet ou trop laconique sur les droits du gérant. Voici quelques règles qui pourront combler cette lacune.

Pour mettre plus l'ordre dans cette matière, supposons d'abord qu'il y ait UN SEUL GÉRANT. Cette
unité, favorable à l'administration, se présente fré-
quemment.

1° *Pouvoir d'administrer.* Mandataire unique de
la personne morale, le gérant exerce alors tous les
droits d'un administrateur général.

Opérer tous les actes conservatoires, tels que
transcription d'acquisitions, inscription d'hypothèques, interruption de prescriptions; faire tous
les actes d'exploitation, tels que perception de
fruits, recouvrement de sommes dues, placement
de capitaux, location de choses et de services;
vendre les meubles corporels, transférer une
rente unique sur l'État de 45 francs au plus,
aliéner une action unique de la Banque de France :
toutes ces opérations, permises à un tuteur, sont
certainement comprises dans les pouvoirs du gérant. Onpeut y rattacher le droit de proposer les
distributions de dividendes (Loi command., 8).
Allons plus loin : les Sociétés en commandite sont
commerciales, et le crédit est l'aliment quotidien du
commerce : donc les parties ont eu l'intention d'autoriser le gérant à contracter au nom de la Société.
Ainsi, en principe, il a le pouvoir d'engager la Société en promettant sous la raison sociale. Mais il
faut restreindre ce principe dans de justes limites :
les engagemennts qui n'entrent pas dans les habitudes du commerce ont pu ne pas tomber sous la
prévision des parties ; par conséquent, il ne faut pas

les comprendre dans le mandat tacitement donné au gérant. Ainsi, il ne pourra pas, sans une autorisation spéciale, aliéner les immeubles de la Société, transiger, emprunter, compromettre, intenter une action immobilière ou acquiescer à une pareille demande (Nap., 464, 467, etc.); il sera également impuissant pour agréger un nouveau membre à la Société sans le consentement des autres.

Telles sont, à mon avis, les bornes du droit d'administration, quand le contrat ne les a pas déterminées. Ce large mandat n'est pas le seul qui soit confié au gérant : en voici un second qui est fort important.

88. 2° *Pouvoir d'obliger solidairement les commandités individuellement considérés.* — Toutes les fois que le gérant contracte sous la raison sociale, il oblige solidairement, avec la personne morale, chacun des commandités (Com., 22).

80. 3° *Irrévocabilité.* — Ces deux mandats, bien différents des mandats ordinaires, sont irrévocables. La raison de cette différence est facile à saisir : le gérant ayant été nommé par le contrat de Société, la confiance qu'il inspirait a pu motiver l'adhésion de certains associés : changer le gérant, ce serait tromper leur attente. Fussent-ils d'accord, l'opposition du gérant suffirait pour empêcher sa révocation : lui aussi est associé : si la direction des affaires sociales ne lui avait pas été confiée, il aurait peut-être refusé de participer au contrat. S'agit-il d'exploiter une invention dont il est l'auteur, lui ravir la gestion, c'est compromettre sa renommée et sa fortune (Nap., 1856, Com., 43, § 3)!

S'il faut empêcher une révocation qui blesserait des droits acquis, il ne faut pas laisser les abus sans répression. Donc, le gérant qui manque à ses obligations peut être *destitué par la justice.*

90. Supposons maintenant que l'administration des affaires sociales soit confiée à PLUSIEURS GÉRANTS (Com., 24) : quels seront les pouvoirs de chacun? Si le contrat les avait précisés, il ne s'élèverait aucune difficulté ; mais je raisonne dans l'hypothèse d'un contrat peu explicite.

Si aucune clause ne défend à l'un d'agir sans l'autre, chacun peut faire séparément tous les actes d'administration (Nap. 1857). Toutefois, cesdroits parallèles ne peuvent pas coexister sans se limiter mutuellement. Ainsi, chaque gérant peut se servir des choses sociales, suivant leur destination, mais à la charge d'en laisser aussi l'usage à ses collègues (Nap., 1859, § 2). De même, chaque gérant peut tenter des améliorations ; mais, s'il s'agit d'innover sur les immeubles sociaux, il ne peut pas opérer ces graves changements malgré les autres gérants (Nap., 1859, § 4). Quant aux dépenses nécessaires, chaque gérant peut y contraindre ses collègues (Nap., 1859, § 3).

Voici une clause précise en apparence, et cependant féconde en difficultés : on a stipulé que l'un des gérants ne pouvait rien faire sans les autres. Pour éluder cette disposition gênante, mille pré-

textes surgissent: « Mon collègue est absent, ma-
lade, occupé; si je l'attends, je vais manquer cette
brillante affaire! » N'importe: le législateur aime
mieux empêcher un gain que de faciliter vingt
opérations ruineuses. Il dit à ce gérant qui voudrait
agir seul: « Puisque les associés n'ont pas eu confiance dans votre sagesse individuelle ; puisqu'ils
ont voulu, non la monarchie, mais le consulat, res-
pectez leur constitution (Nap., 1858).! Dans ce cas,
la majorité des gérants prévaudra, s'ils sont en nombre impair. Sont-ils en nombre pair, le partage des
voix conduira à consulter tous les associés. Si cette
vaste assemblée est également indécise, il faudra
s'abstenir de l'opération projetée.

CHAPITRE III.

Obligations et droits des simples commanditaires.

92. La Société en commandite par actions est
une institution multiple qui participe de la Société
en nom collectif et de la Société anonyme. Je viens
d'exposer ce qu'elle a emprunté à la première ; je
vais montrer maintenant ce qu'elle doit à la seconde. Le rôle de commandité est peu commun,
parce qu'il impose une grave responsabilité ; celui

de commanditaire est fort répandu : j'arrive donc à la partie populaire de mon sujet.

Pour en faciliter l'intelligence, je suivrai le plan qui m'a déjà guidé : j'exposerai d'abord les obligations des commanditaires envers la personne morale, envers ses héritiers, envers ses créanciers et envers le public ; j'indiquerai ensuite les droits des commanditaires envers la personne morale, envers ses héritiers, envers ses créanciers, et envers le public. Mais, voulant éviter les répétitions, je renverrai souvent aux explications précédentes.

SECTION Iʳᵉ. — *Obligations des simples commanditaires.*

§ Iᵉʳ. — *Envers la personne morale.*

03. 1ʳᵉ *Obligation : Fournir la mise convenue.* Le plus souvent la mise d'un commanditaire consiste en argent ; mais elle peut se composer de toute chose sujette au commerce.

La loi nouvelle, condamnant un arrêt de la Cour de Paris, décide qu'un commanditaire est responsable de toute la somme par lui promise, lors même qu'il aliénerait son titre. (L. command., 3) : grâce à cette sévérité salutaire, on n'osera plus souscrire, sans argent. Voyez, pour plus amples détails, les nᵒˢ 17,-24.

04. Supposez un commanditaire qui promet, au lieu d'une mise pécuniaire, une chose appréciable : l'évaluation de cette chose peut être frauduleuse, et

partant, le législateur exige que l'Assemblée générale des actionnaires en contrôle la valeur réelle
(Loi command., 4). Ce contrôle doit réunir diverses
conditions que j'ai expliquées plus haut : est-il omis
ou irrégulier, toute personne intéressée peut faire
annuler la Société. Si l'auteur de la mise suspecte
est un des fondateurs de la Société annulée, il peut
être déclaré responsable avec les gérants, solidairement et par corps, de toutes les opérations sociales
(Loi command. 7). Voyez le n° 23.

95. 2° *Obligation : ne pas s'immiscer dans l'administration de la Société.*

Le gérant assume une lourde responsabilité : il
doit jouir, en retour, d'une grande liberté. S'agit-il
d'une invention à exploiter, d'un vaste plan à réaliser ? La direction des capitaux est presque toujours
confiée à l'auteur de cette grande idée : lui seul
l'embrasse dans toute son étendue ; lui seul peut
approprier les moyens au but. Gêner sa liberté,
c'est lier les ailes de la Société ! Le législateur a compris cette vérité, et il a sévèrement défendu au commanditaire de s'immiscer dans la gestion : malheur
au téméraire qui méprise cette défense ! (Com. 27).
Si son immixtion maladroite a déconcerté les plans
du gérant et causé un dommage à la Société, il devra payer une indemnité, sans pouvoir la compen-
ser avec les profits qu'il aurait procurés à la Société
dans une autre circonstance (Nap. 1850). Ce n'est
pas tout ! Il est une sanction bien autrement sévère,
qui est établie dans l'intérêt des créanciers sociaux :

si un commanditaire fait un acte d'administration, même comme mandataire, il est solidairement obligé par tous les engagements de la Société (Com. 28). Nous étudierons cette sanction dans le 3ᵉ § de ce chapitre. Commanditaires zélés, qui voyez une brillante affaire à entreprendre, ou un danger pressant à conjurer, avertissez le gérant, éclairez-le de vos sages avis ; mais ne passez jamais du conseil à l'action.

Toutefois, la liberté du gérant ne doit pas dégénérer en licence : aussi la loi nouvelle a-t-elle placé près de lui un conseil de surveillance, choisi par les actionnaires et parmi les actionnaires.

96. Supposez un débat entre un commanditaire et la Société : un antique usage obligeait ce commanditaire à subir la juridiction arbitrale ; une loi du 17 juillet 1856 a supprimé cette nécessité (Voyez le nº 26).

§ 2. — Obligations des simples commanditaires envers les héritiers
de la Société.

97. 1ʳᵉ *Obligation*. La dissolution de la Société ne libère point le commanditaire qui n'a pas rempli ses obligations envers la personne morale : les héritiers de cette personne, représentés par le liquidateur, pourront exiger des dommages-intérêts, ou l'exécution même des obligations, si elle est possible (Nap. 1142-44). Seulement, le débiteur figurant parmi les héritiers de la Société, une partie de la dette sera éteinte par confusion (Voyez nº 28). Il peut opposer

cette extinction par confusion à ses cohéritiers, mais non aux créanciers de la Société dissoute.

98. 2° *Obligation : Supporter une partie des pertes sociales.* J'arrive à une obligation importante, dont l'exécution ne peut être demandée qu'après la dissolution de la Société : c'est l'obligation de contribuer aux pertes sociales. Tant que dure la Société, la balance des gains et des pertes oscille à chaque instant : il faut attendre la fin de la liquidation pour connaître le résultat définitif des opérations sociales.

Le législateur français, plus sévère que les Romains, exge que tout associé subisse une partie des pertes sociales : il craint que l'exemption des mauvaises chances ne déguise un prêt usuraire. Donc, tout commanditaire doit contribuer aux pertes. Mais dans quelle mesure? *Jamais au delà de sa mise.* Voilà la grande différence qui sépare le commanditaire du commandité : au commandité une part de pertes qui peut s'aggraver indéfiniment et qui fait peser sur lui une anxiété continuelle; au commanditaire une part limitée de pertes, et par suite une douce sécurité.

Si la contribution du commanditaire ne dépasse jamais sa mise, elle peut varier en deçà de cette limite : dans le silence des parties, sa part contributoire sera proportionnelle à son apport; si le contrat l'a fixée différemment, il faut respecter cette clause, à moins qu'elle ne soit dérisoire. Si un arbitre a été chargé de déterminer cette part, son règlement sera obligatoire, pourvu qu'il ne blesse pas évidemment l'équité. Mais, encore une fois, quelle que soit la proportion adoptée, la part contributoire du commanditaire ne dépasse jamais son apport. Par exemple, voici une Société dont le capital s'élevait primitivement à cent mille francs; un actionnaire avait souscrit pour mille francs, et sa part contributoire n'avait pas été réglée par le contrat; la Société étant dissoute, la liquidation présente un passif net de cent mille francs. Il y a donc deux cent mille francs de perte; savoir : cent mille francs dissipés et cent mille francs dus. Si l'on consultait seulement le Code Napoléon (article 1853), le commanditaire, dont il s'agit, subirait une part de pertes proportionnelle à sa mise, c'est-à-dire égale à un centième des pertes, en d'autres termes deux mille francs. Mais le Code de commerce, qui prévaut sur le Code Napoléon en matière de Société (Nap. 1873), prend la défense du commanditaire, et limite sa contribution à son apport, c'est-à-dire à mille francs (Com., 26).

§ 3. — Obligations des simples commanditaires envers les créanciers
de la Société.

99. 1re *Obligation*. C'est un principe général que les créanciers peuvent exercer les droits et actions de leurs débiteurs : donc les créanciers de la Société peuvent invoquer, de son chef, les droits qu'elle a contre les commanditaires, notamment le droit d'exiger les apports qu'ils ont promis (Nap., 1166). Cette *action indirecte* est précieuse : car il est possible qu'un gérant indolent ou vénal néglige de réclamer le versement des mises, et qu'une poursuite tardive ne trouve le commanditaire insolvable. Mais une action indirecte est moins utile qu'une *action directe :* car toutes les exceptions opposables à la Société pourront être invoquées contre les créanciers qui agiront de son chef.

100. 2ᵉ *Obligation.* Voyons si les créanciers de la Société ont une action directe, c'est-à-dire une action propre, pour exiger d'un commanditaire le versement de sa mise. Avant la promulgation de la loi nouvelle, cette question était controversée. Un savant professeur soutenait l'affirmative : puisque l'on publie le montant des valeurs fournies ou à fournir par actions (Com., 43 ,§. 4), les créanciers peuvent compter sur ces valeurs, et ils ont le droit d'en exiger le versement; d'ailleurs, le gérant qui représente toute la Société, a mandat pour en obliger tous les membres, les uns sans limites, les autres avec limites. L'opinion de ce professeur s'appuyait sur un arrêt de la Cour de cassation (1). A ces motifs graves on peut ajouter aujourd'hui un argument décisif : suivant l'article 1ᵉʳ de la loi nouvelle, le gérant doit déposer entre les mains d'un notaire, avec le contrat de Société, *la liste des souscripteurs* et l'état des versements. Ainsi l'on publie maintenant, non-seulement des chiffres, mais des noms :

---

(1) Cassation, 29 février 1841.

le public compte sur ces noms et mesure sur eux le crédit qu'il accorde à la Société : il est juste de donner aux créanciers sociaux une action directe contre ces commanditaires dont ils ont suivi la foi.

101. Cette action directe sera portée devant le tribunal de commerce, car elle est relative à un acte de commerce (Com., 631, §. 2) : quoi de plus commercial que de participer aux profits ou aux pertes d'une Société commerciale? Ainsi décide l'arrêt précité de la Cour de cassation.

102. 3ᵉ *Obligation.* La condamnation entraînera la contrainte par corps, si elle s'élève à la somme principale de deux cents francs (Loi du 17 avril 1832, article 1ᵉʳ). On peut invoquer en ce sens de nombreux arrêts (1). Le commanditaire frappé par la loi de 1832 pourra réclamer les tempéraments apportés par la loi du 13 décembre 1848.

103. Certains créanciers ont élevé une prétention dont le succès serait ruineux pour le commerce. Imaginez une Société qui distribue des dividendes à ses actionnaires, et qui tombe plus tard en faillite : « Rapportez ces dividendes, s'écrient les créanciers, « car le bénéfice présuppose le payement des dettes « (non sunt bona nisi deducto ære alieno)! » Si ces dividendes ont été reçus de mauvaise foi, j'applaudis à la réclamation des créanciers; mais, s'ils ont été touchés de bonne foi, je repousse cette prétention.

---

(1) Notamment un arrêt de Paris, rendu le 22 janvier 1853.

Le droit de participer aux dividendes est une rente, servie par la Société et s'éteignant avec elle; les dividendes sont les fruits de cette rente. Or, celui qui perçoit de bonne foi les fruits de la chose d'autrui n'est pas tenu de les rendre (Nap., 549) : pourquoi? Parce qu'il est excusable de les avoir traités comme siens. La même raison s'applique à celui qui reçoit des dividendes comme fruits de sa rente. En exiger la restitution dans le cas de faillite ultérieure, ce serait forcer les actionnaires à capitaliser les dividendes : combien reculeraient devant cette obligation! La commandite serait désertée, et l'industrie, paralysée!

104. *4e Obligation : S'il fait un acte de gestion, acquitter solidairement tous les engagements de la Société.* — Voici une obligation qui a un caractère pénal : c'est le châtiment d'une imprudence, qu'il importe d'éviter avec soin. J'ai montré que l'unité de direction est nécessaire au succès de la Société, et j'en ai conclu, avec le législateur, que les commanditaires ne doivent pas s'immiscer dans la gestion. L'intérêt des créanciers sociaux impose la même réserve aux commanditaires : si vous prenez les allures d'un gérant, le public croira que vous êtes obligé solidairement avec la Société : il lui accordera une plus grande confiance; puis, la Société tombant en faillite, il se trouvera en face d'un commanditaire invulnérable. Non! le législateur ne veut pas que les créanciers soient victimes de votre imprudence : puisque vous avez pris l'extérieur d'un gérant, vous subirez les charges d'un gérant : vous serez solidairement responsable de tous les enga-gements de la Société (Com., 28).

Vous alléguez en vain que vous avez géré en vertu d'une procuration : les créanciers ignorants ne sa-vent pas distinguer du mandataire l'homme qui agit en son propre nom; cette abréviation que vous placez devant votre signature pour annoncer votre qualité de mandataire, c'est pour le vulgaire une lettre close (1) !

Toutefois, il ne faut pas exagérer la pensée du législateur : si un commanditaire ne peut pas *repré-senter* la Société, les transactions commerciales de-meurent permises entre la Société, d'une part et un commanditaire, d'autre part. Cette distinction a été nettement tracée par un avis interprétatif du Conseil d'État, approuvé le 17 mai 1809.

§ 4. — Obligations des simples commanditaires envers le public.

La loi nouvelle a maintenu en principe que tout actionnaire peut négocier son titre ; mais elle a créé certaines restrictions qui tendent à garantir le pu-blic contre les ruses de l'agiotage.

1° Nulle action ou coupon d'action ne doit être inférieur à 100 francs, si le capital social n'excède

---

(1) Les mandataires écrivent souvent au-dessus de leur signature « *p. pp*ᵒⁿ » ce qui vent dire « par procuration. »

pas 200,000 francs; à 500 francs, si le capital social dépasse 200,000 francs.

2° L'action doit être nominative jusqu'au payement intégral du montant de la souscription.

3° L'action ou le coupon d'action ne doit pas être négocié avant que le souscripteur ait versé les deux cinquièmes de la somme pour laquelle il a souscrit.

J'ai déjà exposé les motifs de ces trois prescriptions. Supposez qu'un actionnaire négocie une action ou un coupon d'action qui est inférieur à la valeur légale ou qui n'a pas la forme requise, ou pour lequel les deux cinquièmes du montant de la souscription n'ont pas été versés. Aux deux premiers cas, il s'associe au délit commis par les fondateurs de la Société; au troisième cas, il est l'auteur principal d'un délit nouveau : la loi, sans distinguer ces nuances, le punit en tout cas d'une amende qui peut varier de 500 francs à 10,000 francs (L. Command., 12).

106. Cette peine atteint, non-seulement l'actionnaire qui négocie illégalement son titre, mais encore toute personne qui participe à cette négociation, notamment l'agent de change. La loi considère même comme complice *celui qui publie* la valeur de ces actions. L'amende frappera-t-elle le journaliste qui fait cette publication ou seulement la personne qui la requiert? L'orateur du Gouvernement, expliquant au Corps Législatif la pensée des rédacteurs de la loi, a dit clairement que les Tribunaux auraient égard à l'intention des auteurs de la publication illégale.

107. La plupart de leurs droits ont été déjà expliqués : je citerai rapidement ceux que j'ai déjà développés et j'insisterai seulement sur les autres.

§ 1ᵉʳ. — Droits envers la personne morale et les associés.

1ᵉʳ *Droit : Contrôler les apports non pécuniaires et les stipulations d'avantages particuliers.* Les actionnaires, délibérant en assemblée générale, désignent des personnes expérimentées qui font un rapport sur ces objets délicats ; puis ils statuent à une séance ultérieure (*royez* le n° 23) (1).

108. 2ᵉ *Droit : Nommer le conseil de surveillance.* Ce conseil, composé de cinq actionnaires au moins, est élu par l'assemblée générale des actionnaires, immédiatement après la constitution définitivede la Société et avant toute opération sociale. Avant la loi nouvelle on voyait souvent un gérant sans conscience décorer ses complices du titre de surveillants : désormais le Conseil de surveillance sera dévoué aux commanditaires (*voyez* le n° 82) (2).

109. 3ᵉ *Droit : Se faire indemniser des sommes déboursées et des obligations contractées de bonne foi pour la Société* (Nap., 1852). Par exemple, un

---

(1) Loi command., 4.
(2) Loi command., 5.

commanditaire a fait un acte de gestion, qui l'a rendu solidairement responsable envers les créanciers sociaux (Com., 28). Obligé de satisfaire ces créanciers, il pourra réclamer de la Société le remboursement de cette dépense, car il est caution dans ses rapports avec la Société (Nap., 1216).

110. 4ᵉ *Droit*. *Participer aux bénéfices de la Société*. — En principe, le commanditaire prend, dans les dividendes, une part proportionnelle à sa mise ; mais·on peut déroger à cette règle par une convention formelle (*voyez* les nᵒˢ 41, 46).

La Société devenant insolvable, le gérant peut-il répéter les dividendes reçus par les actionnaires ? S'il y a eu bonne foi de part et d'autre, ils peuvent opposer au gérant, comme aux créanciers, un argument d'analogie tiré de l'article 549 du Code Napoléon. S'il y a eu mauvaise foi des deux côtés, les choses doivent rester comme elles sont (in pari causá melior est causa possidentis). S'il y a eu mauvaise foi chez une partie seulement, c'est elle qui doit succomber (*voyez* nᵒ 103).

111. 5ᵉ *Droit*. *Plaider par commissaires contre les gérants ou contre les membres du Conseil de surveillance*. Supposez un procès qui mette aux prises, d'une part, les gérants ou les membres du Conseil de surveillance ; d'autre part, tous les actionnaires. S'il fallait adresser à chacun d'eux l'assignation et les significations usitées dans la procédure ordinaire, les frais et les lenteurs seraient immenses ; et même l'accomplissement des formalités légales serait souvent impossible; comment trouver les porteurs de ces actions anonymes qui peuvent changer de maitres plusieurs fois dans un jour? Aussi la jurisprudence avait-elle imaginé d'inviter collectivement les actionnaires à nommer des commissaires pour les représenter au procès. Cet expédient, suggéré par la pratique, a été consacré par la loi nouvelle (article 14). On a critiqué cette disposition : « Il sera diffi « cile, dit-on, de convoquer les actionnaires : fussent- « ils avertis, la plupart refuseraient de se déplacer. » Ces reproches me paraissent peu fondés ; la pratique antérieure à la loi nouvelle a prouvé l'utilité de cette disposition. Les journaux convoqueront les actionnaires, et la majorité de ceux qui répondront à l'appel désignera les commissaires. Si l'urgence ou toute autre raison empêche cette réunion, la loi y supplée en faisant nommer les commissaires par le tribunal de commerce, sur la requête de la partie la plus diligente. On a formulé une objection plus sérieuse. « Il est choquant, dit-on, qu'une poignée d'action- « naires imposent des représentants à tous les au- « tres. » La loi obvie à cet inconvénient par la consécration expresse d'un droit individuel que je vais exposer.

112. 6e *Droit : Nonobstant la nomination des commissaires, intervenir personnellement dans l'instance à la charge de supporter les frais de son intervention.* — Vous vous défiez du commissaire nommé par vos collègues ou par le tribunal : eh bien, intervenez au procès, surveillez vous-même vos intérêts. Mais les autres ne doivent point souffrir de votre défiance peut-être exagérée : vous payerez donc les frais de votre intervention. C'est, d'ailleurs, un moyen d'empêcher une intervention légère (L. command., 14).

Une prétention peut être commune, non à tous les actionnaires, mais à quelques-uns d'eux ; dans ce cas, les intéressés, délibérant en assemblée spéciale, nommeront leurs commissaires.

113. Ces règles de procédures, qui diminuent les lenteurs et les frais, méritaient d'être généralisées : aussi la loi les applique-t-elle aux actionnaires pré-existants, comme aux actionnaires futurs. On ne peut pas blâmer cette rétroactivité ; car c'est un bienfait qu'elle accorde, et d'ailleurs ce bienfait était usité avant d'être légal (L. command., 15).

114. 7ᵉ *Droit : En vertu d'une clause compromis-soire être jugée par arbitres.* — Ce droit est con-testé ; mais je n'hésite pas à l'accorder aux comman-ditaires, comme je l'ai reconnu au profit des com-mandités (*voyez* le nº 46).

§ 2. — Droits des simples commanditaires envers les héritiers de la personne morale.

115. 1ᵉʳ *Droit :* Si un commanditaire a quelque droit à exercer contre la personne morale au moment où elle s'éteint, il peut les intenter contre les héritiers de cette personne. De plus, voici quelques droits dont il ne peut se prévaloir qu'après l'extinction de la personne morale.

116. 2° *Droit : Faire certains prélévements lors du partage du fonds social.* — Supposez qu'un commanditaire ait conféré à la Société, à titre de mise, non la propriété, mais la jouissance de certaines choses ; il pourra les revendiquer avant le partage du patrimoine social (*voyez* à ce sujet les nᵒˢ 48, 52).

117. 3° *Droit : Participer aux biens laissés par la Société.* — Quelle est l'étendue de cette part ? Quels sont les formes et les effets du partage ? Ces diverses questions sont résolues pour le commanditaire comme pour le commandité (consultez donc les nᵒˢ 53, 61).

§ 3. — Droits des simples commanditaires envers les créanciers
de la personne morale.

118. Vous savez avec quelle sévérité la loi punit le commanditaire qui s'immisce dans la gestion du fonds social : les tiers ont pu croire qu'il était commandité ; donc il sera traité, à leur égard, comme un commandité, c'est-à-dire solidairement obligé par tous les engagements de la personne morale.

Cette assimilation doit comprendre non-seulement les charges, mais aussi les tempéraments ; donc le commanditaire, frappé par l'article 28 du Code de Commerce, peut invoquer toutes les exceptions que le Droit civil accorde aux codébiteurs solidaires (Nap., 1208). Voyez à cet égard le nᵒ 62. De plus, il peut opposer aux créanciers de la Société cette prescription de 5 ans que le droit commercial a éta-

7.

blie pour alléger la solidarité des associés en nom. (Com. 64). *Voyez* les n°s 63, 66.

§ 4. — Droits des simples commanditaires envers le public.

119. Voici le droit caractéristique des actionnaires, le droit qui contient en germe toute la grandeur et tous les dangers de la commandite par actions : en un mot le *droit de céder son titre.* Tout actionnaire peut transférer sa qualité à autrui, échanger ainsi un droit aléatoire contre un droit certain, et recouvrer à son gré la libre disposition de son capital. Cette translation s'opère différemment, selon la forme dés actions : sont-elles *nominatives,* il faut une déclaration de transfert sur les registres de la Société ; sont-elles *à l'ordre,* un endossement suffit ; sont-elles *au porteur,* la tradition du titre, jointe à l'intention de l'aliéner, consomme à l'instant la transmission du droit.

Toutefois, la loi nouvelle, combattant les manœuvres frauduleuses, a imposé certaines limites à la faculté de céder les actions. J'ai déjà exposé les motifs de ces restrictions et les peines encourues par ceux qui les méprisent : je me bornerai, à énumérer pour mémoire ces divers empêchements.

1° Il n'est pas permis de négocier une action ou un coupon d'action inférieur à cent francs, si le capital social n'excède pas deux cent mille francs ; à cinq cents francs si le capital social dépasse deux cent mille francs (L. Command., 12).

2° Il est interdit de négocier une action *non-no-minative*, avant d'avoir satisfait entièrement à la souscription qui la concerne.

3° Il est défendu de négocier une action *nomina-tive*, avant d'avoir payé jusqu'à concurrence des deux cinquièmes, le montant de la souscription qui la regarde.

Ces trois prohibitions s'appliquent à l'aliénation par voie commerciale (endossement, etc.) mais non à l'aliénation par voie civile (testament, donation, transport signifié, etc.).

Souscripteur d'action, gardez-vous de croire qu'une cession régulière vous libère envers la Société : vous êtes toujours et intégralement responsable de la somme promise par vous. Toute stipulation contraire serait sans effet (Loi command., 3).

CHAPITRE IV.

Obligations et droits des membres du Conseil de surveillance.

SECTION Ire. — Obligations des membres du Conseil de surveillance.

120. Ce Conseil est nécessairement composé d'actionnaires : donc ses membres sont soumis aux obligations qui grèvent les simples commanditaires. Mais, de plus, leur qualité de surveillants leur impose des charges qui méritent une étude attentive. Avant la loi nouvelle, les Conseils de surveillance étaient déjà usités ; mais, constitués au gré des parties ou plutôt du gérant, choisis souvent en dehors des actionnaires, exempts de toute responsabilité sérieuse, ils ne donnaient aux commanditaires qu'une ombre de garantie. Aujourd'hui, les obligations de ce Conseil sont précisées par la loi, et revêtues de sanctions énergiques. Mais gardez-vous de croire que ces obligations soient une charge écrasante pour celui qui les assume. Une vérification soigneuse, mais peu compliquée, au début de ses fonctions ; un contrôle intelligent, pendant leur durée ; un rapport annuel à l'Assemblée générale ; une résistance ferme aux sollicitations coupables du gérant : voilà tout ce fardeau que l'on peint avec exagération pour écarter des conseils les hommes honorables !

121. *1re Obligation : Avant d'entrer en fonctions, examiner si les conditions requises pour la validité du contrat ont été fidèlement remplies.* J'ai déjà expliqué çà et là ces conditions et les raisons qui les ont fait prescrire ; je dois les grouper dans la deuxième partie de ce traité : aussi me bornerai-je ici à les énumérer sous la forme de questions.

1° Le capital social n'excédant pas deux cent mille francs, l'action ou le coupon d'action est-il de cent francs au moins ? Le capital social dépassant deux cent mille francs, l'action ou le coupon d'action est-il de cinq cents francs au moins ?

2° A-t-on évité toute clause qui tendrait à libérer le souscripteur d'actions avant le payement intégral de la somme promise par lui?

3° A-t-on observé dans le contrat le principe suivant lequel l'action doit être nominative tant que le souscripteur n'a pas versé intégralement le montant de sa souscription?

4° Le contrat respecte-t-il la règle qui défend à l'actionnaire de négocier son action ou son coupon d'action avant d'avoir payé, jusqu'à concurrence des deux cinquièmes, le montant de sa souscription?

5° Le gérant a-t-il déclaré devant notaires que les souscriptions s'élevaient à la totalité du capital social, et que chaque actionnaire avait versé le quart au moins du montant de sa souscription? A-t-il annexé à cette déclaration la liste des souscripteurs, l'état des versements faits par eux, et le contrat de Société?

6° Les apports non pécuniaires et les stipulations d'avantages particuliers ont-ils été contrôlés conformément à l'article 4 de la loi nouvelle?

7° Le Conseil de surveillance a-t-il été constitué suivant les prescriptions de l'article 5 de cette loi?

Si toutes ces questions amènent des réponses affirmatives, vous pouvez accepter sans crainte le rôle de surveillant; mais, si l'une d'elles est résolue négativement, gardez-vous d'accepter ce titre : il pourrait avoir pour vous des conséquences ruineuses! En effet, toute personne intéressée peut faire prononcer la nullité du contrat (Loi com., 6) :

alors la loi punit le gérant qui a fait brèche à la digue élevée contre l'agiotage; puis, vous soupçonnant de complicité, elle *permet* au tribunal de vous déclarer responsable avec le gérant, solidairement et par corps, de toutes les opérations postérieures à votre nomination (Loi command., 7).

122. *2ᵉ Obligation : Vérifier les livres, la caisse, le portefeuille et les valeurs de la Société.* — Pour être utile, cette vérification doit être inattendue et fréquente. Les conseillers qui seraient peu familiarisés avec les écritures commerciales pourraient se faire assister d'un teneur de livres (L. Command., 8).

123. *3ᵉ Obligation : Faire chaque année un rapport* CONSCIENCIEUX *à l'Assemblée générale des actionnaires sur les inventaires et les distributions projetées de dividendes.* Supposez qu'un membre du Conseil laisse *sciemment* commettre dans les inventaires des inexactitudes graves et préjudiciables à la Société ou aux tiers; il sera responsable solidairement et par corps avec les gérants. S'il a consenti, *en connaissance de cause*, à la distribution de dividendes fictifs, il subira la même punition. Quand les surveillants n'ont pas protesté contre un vice du contrat, ils sont suspects, mais non convaincus de mauvaise foi: aussi le tribunal a-t-il un *pouvoir discrétionnaire* pour les déclarer responsables avec le gérant. Au contraire, dans les deux cas présents, la fraude est certaine; en conséquence, le tribunal *doit* imposer cette responsabilité au surveillant coupable. Toutefois, les peines sont *personnelles* comme

les fautes : supposez que les cinq conseillers aient gardé le silence, mais qu'un seul connût le dol du gérant; celui-là seulement sera responsable avec le malfaiteur principal (Loi command., 8, 10).

Les surveillants des Sociétés antérieures à la loi nouvelle sont soumis à ces deux dernières obligations, mais non à la première (L. Command., 15).

SECTION II. — Droits des membres du Conseil de surveillance.

124. Étant actionnaire, chaque membre du Conseil a tous les droits d'un simple commanditaire. De plus, son titre de surveillant lui confère quelques droits spéciaux :

125. 1er *Droit : Convoquer l'Assemblée générale des actionnaires.* Chargé de veiller aux intérêts des commanditaires, il est logique que le Conseil puisse sonner la cloche d'alarme, malgré l'opposition égoïste du gérant. Mais la prudence conseille d'agiter rarement cette cloche, qui éveille la défiance publique et qui peut ruiner le crédit de la Société. Quand un simple actionnaire croit nécessaire de convoquer une assemblée générale, il doit s'adresser dans ce but au Conseil de surveillance : si le Conseil résiste à ses sollicitations, il peut dénoncer cette résistance à la justice, qui en appréciera les raisons. La convocation est-elle réclamée par plusieurs actionnaires, ils peuvent, suivant l'article 14, nommer un commissaire, qui combattra devant les tribunaux l'opposition du Conseil.

126. **2° *Droit: Provoquer la dissolution de la Société.*** Ce droit est un corollaire du précédent : sentinelle vigilante, le Conseil appelle les actionnaires au jour du péril, et il leur propose de poursuivre en justice la dissolution du contrat. Mais il n'a pas le pouvoir d'intenter lui-même une pareille action : elle dépasse les limites d'un mandat général. Il donne son avis, et la majorité des actionnaires prend une décision. La dissolution de la Société ne peut, à plus forte raison, être poursuivie par un commanditaire isolé : l'intérêt privé doit céder à l'intérêt général. Mais il peut requérir le Conseil de proposer la dissolution, et appeler aux tribunaux d'un refus opiniâtre.

127. A ces droits, conférés par la loi, il faut ajouter ceux qui dérivent du contrat : ils peuvent varier à l'infini. Il est probable que l'usage attribuera un traitement au membre du Conseil de surveillance : ce sera la juste récompense des soins constants qui sont exigés d'eux.

CHAPITRE V.

Obligations et droits de la personne morale.

128. La bride est en même temps un instrument de puissance pour le cavalier, et un instrument de servitude pour le cheval. De même un rapport juridique est un droit ou une obligation, selon qu'on le considère de haut en bas ou de bas en haut.

Donc, en exposant les droits des associés envers la personne morale, j'ai fait connaître les obligations de cette personne envers les associés. Je citerai, cependant, ces obligations déjà expliquées; mais je les rappellerai brièvement, et seulement pour tracer un tableau complet de ce patrimoine que la Société expirante imposera aux associés.

SECTION Ire. — Obligations de la personne morale.

§ 1. — Obligations envers les associés.

129. 1re *Obligation :* Indemniser chaque associé des dépenses faites et des obligations contractées de bonne foi dans l'intérêt de la Société (Nap. 1852). *Voyez* les n°s 38, 40.

2e *Obligation :* Entretenir les choses dont la jouissance seulement a été conférée à la Société, et les rendre à l'époque convenue. Si l'on n'a pas fixé de terme pour cette restitution, elle devra avoir lieu à la dissolution du contrat, et sera opérée par le liquidateur du fonds social (Nap., 1851). *Voyez* les n°s 48, 52.

3e *Obligation :* Donner à chaque associé la part de bénéfices qui est déterminée par le contrat ou par arbitres ou par la loi. Toutefois, il peut être utile de consacrer les profits de la Société à l'extension de ses entreprises : le gérant, qui connaît mieux que tout autre les besoins de la Société, propose les distributions de dividendes ; le Conseil de surveillance émet son avis, et l'assemblée générale décide la question. C'est donc la volonté commune des associés qui fixe, chaque année, le chiffre du dividende. *Voyez* les nᵒˢ 41, 45.

Non-seulement la personne morale doit distribuer ses bénéfices aux associés, quand la volonté commune ne les a pas capitalisés; mais elle est obligée de laisser aux associés toute sa succession. Le gérant ne peut pas entamer cette succession future par des aliénations libérales ; il faut cependant tolérer ces dons minimes que l'usage commande, et qui sont souvent plus productifs que des ventes.

§ 2. — Obligations de la personne morale envers les tiers.

130. Elle doit remplir tous les engagements contractés par le gérant sous la raison sociale. Il faut remarquer ici un effet important de cette fiction qui crée dans les Sociétés commerciales une personne métaphysique. S'il s'agissait d'une Société civile, le fonds social appartiendrait par indivis aux associés ; donc les créanciers d'un associé pourraient saisir sa part indivise, quand même leurs créances n'auraient aucun rapport avec la Société. Supposez, au contraire, une Société commerciale, notamment une Société en commandite par actions : le fonds social appartient exclusivement à la personne morale, et il ne garantit que les créances relatives à la Société. Cet avantage, précieux pour les créanciers

sociaux, contribue à étendre le crédit des Sociétés commerciales. Toutefois, les créanciers individuels d'un commandité ou d'un commanditaire peuvent saisir sa part de dividendes.

131. Vous qui avez une créance relative à la Société, voulez-vous exclure du fonds social les créanciers particuliers des associés, alors même que la personne morale s'est évanouie, demandez la séparation des patrimoines, comme si votre débitrice défunte était une personne physique (Nap., 878, 2111).

132. Voici encore une conséquence remarquable de la fiction qui constitue une personne morale. La Société en commandite, qui arrête ses payements, est déclarée en faillite : le gérant qui la représente doit déposer son bilan au greffe commercial dans les trois jours de la cessation des payements ; il est tenu d'indiquer en même temps le nom et le domicile de chaque associé solidairement responsable (Com., 438, 439). Gardez-vous d'omettre cette indication : la peine de la banqueroute simple serait encourue (Com., 586).

§ 3. — Obligations de la personne morale envers l'État.

133. 1re *Obligation : Impôts relatifs à l'enregistrement.* Les actes qui constatent la formation de la Société, sa dissolution ou le partage de son patrimoine, sont soumis au droit fixe de cinq francs et au double décime (1). Mais, si ces actes contiennent promesse d'argent, libération ou aliénation, ils donnent lieu à un impôt proportionnel. L'impôt varie selon que l'associé reçoit, en échange de son apport, des actions ou de l'argent; selon qu'il aliène ou retient la propriété de sa mise. *Il importe de confier la rédaction du contrat de Société à des hommes qui connaissent toutes les subtilités de l'enregistrement :* une expression équivoque peut donner ouverture à des prétentions fiscales qui entraînent de lourdes charges ou des procès plus onéreux encore.

134. 2° *Obligation : Impôts relatifs au timbre.* Suivant la loi de frimaire an 7 (art. 69, § 2, n° 6), les cessions d'actions mobilières ou de coupons d'actions étaient soumises à un droit proportionnel de cinquante centimes pour cent francs. On a senti que cette formalité fiscale gênait la circulation rapide des actions, et une loi du 5 juin 1850 a dégagé de cette entrave les actions négociables par la voie commerciale (art. 25). La cession des actions négociables émises à partir du 1er janvier 1851, est exempte de tout droit et de toute formalité d'enregistrement; mais, lors de leur émission, la Société doit payer un droit proportionnel de timbre. Ce droit est de 1 fr. pour 100 fr., si la Société est contractée pour plus de dix ans; de 50 cent. pour 100 fr., si la Société est constituée pour dix ans au maximum.

---

(1) Loi du 28 avril 1816, article 45, n° 2.

Si la durée de la Société, d'abord limitée à dix ans, est prolongée après cette période, un nouveau droit de 5o cent. pour 100 fr. est dû à l'État.

Quand le titre primitif a été timbré, les titres, délivrés par suite de transfert ou de renouvellement sont exempts de tout impôt.

Une amende de 12 p. 100 est prononcée contre la Société qui émet une action sans faire timbrer la souche et le talon ; et une amende de 10 pour 100 contre l'agent de change ou le courtier qui concourt au transfert de cette action.

Les titres émis avant le 1er janvier 1851, en contravention aux lois alors existantes, échappent à toute amende, s'ils ont été timbrés au droit proportionnel de 5 cent. pour 100 fr., dans les six mois qui ont suivi la promulgation de la loi de 1850 ; sinon, l'amende de 12 pour 100 est encourue.

Au lieu de l'impôt une fois payé, la Société peut servir une redevance annuelle de 5 c. pour 100 fr., qui est exigible par quart à la fin de chaque trimestre.

SECTION II. — Droits de la personne morale.

La plupart de ces droits nous sont déjà connus : je vais les énumérer rapidement.

§ I. — Dros de la personne morale envers les associés.

1er **Droit :** Exiger de chaque associé l'apport qu'il a promis. Les intérêts courent de plein droit et sans demande du jour où l'apport pécuniaire devait avoir lieu ; l'indemnité motivée par le retard peut dépasser l'intérêt légal.

2° *Droit :* Revendiquer les sommes détournées ou retenues par un associé ; les intérêts courent dans ce cas comme dans le précédent, et l'indemnité peut excéder l'intérêt légal.

3° *Droit :* Réclamer des dommages-intérêts contre le gérant qui n'a pas administré les affaires sociales comme ses propres affaires, et contre le commanditaire qui s'est immiscé dans la gestion. Le défendeur ne peut pas invoquer en compensation les bénéfices qu'il a procurés à la Société en d'autres circonstances.

§ 2. — Droits de la personne morale envers les tiers.

1er *Droit :* Invoquer les stipulations du gérant.
2° *Droit :* En cas de faillite obtenir un concordat.

§ 3. — Droits de la personne morale envers l'État.

La Société qui a préféré au droit de timbre une fois payé une redevance annuelle de cinq centimes pour 100 francs, est dispensée de cette redevance, si elle est en liquidation, ou si depuis deux ans, elle n'a distribué aucun dividende aux actionnaires.

§ 4. — *Droits de la personne morale envers le public.*

1ᵉʳ *Droit.* Elle peut revendiquer contre tout usurpateur les choses dont la propriété a été apportée à titre de mise sociale. Elle peut également se prévaloir contre tous des autres droits réels qui composent son patrimoine.

2ᵉ *Droit.* Si elle plaide comme demanderesse, elle a le privilége d'attirer le défendeur, même en matière personnelle, devant le tribunal dans le ressort duquel le siége social est établi (Procéd., 59, § 5).

DEUXIÈME PARTIE.

DES CONDITIONS REQUISES POUR LA VALIDITÉ DE LA SOCIÉTÉ EN COMMANDITE PAR ACTIONS.

135. La Société en commandite par actions est un contrat: donc elle est soumise aux principes généraux qui régissent la validité des contrats. Ainsi, pour que la promesse d'un associé soit obligatoire, il faut qu'elle exprime un consentement exempt de vices; qu'elle émane d'une personne capable de s'engager; qu'elle ait un objet déterminé et livré au commerce; enfin, qu'elle procède d'une cause licite, c'est-à-dire qu'elle tende à un but approuvé par la loi et la morale. J'examinerai rapidement dans quatre chapitres ces quatre conditions de validité. De plus, le législateur, instruit par des fraudes quotidiennes, a prescrit contre la mauvaise foi certaines conditions que je passerai en revue dans un cinquième chapitre.

CHAPITRE PREMIER.

Consentement sans vice.

136. Le consentement peut être entaché de trois vices : de la simple erreur, de l'erreur dolosive, et de la violence.

§ 1. — Erreur.

L'erreur peut porter sur la chose, sur la personne, ou sur le but.

137. Tombe-t-elle sur la chose, elle n'annule le contrat que si elle concerne la substance, c'est-à-dire la qualité principale de la chose. Par exemple, une partie promet son navire, qui ne peut plus naviguer, et l'autre partie le croit propre aux voyages de long cours : le consentement de cette seconde partie, motivé par cette grave erreur, ne sera pas obligatoire.

138. Pour que l'erreur sur la personne annule la promesse, il faut que le promettant ait été principalement décidé par la considération de cette personne. L'erreur sur la personne d'un commandité, surtout d'un gérant, peut entraîner la nullité de l'obligation; mais l'erreur sur la personne d'un commanditaire a moins d'importance (Nap., 1110).

159. Quand l'erreur tombe sur la cause, c'est-à-dire sur le but de la convention, elle annule l'obligation : par exemple, vous avez souscrit des actions, croyant que la Société exploiterait une nouvelle invention ; et voici qu'elle fonctionne suivant un procédé vieilli : vous pouvez invoquer la nullité de votre promesse (Nap., 1131).

§ 2. — Dol.

140. Si l'erreur a été causée par les manœuvres frauduleuses, elle annule l'obligation, lors même qu'elle ne tomberait pas sur la subsistance de la chose : il suffit de prouver que, sans ces manœuvres, vous n'auriez pas contracté (Nap., 1116).

§ 3. — Violence.

141. Si la promesse surprise par le dol est affectée d'un vice grave, celle qui est arrachée par la violence est viciée plus profondément encore. Pour extorquer votre consentement, on a menacé d'un mal considérable et présent votre fortune, votre personne ou d'autres vous-mêmes : eh bien, nul ne pourra se prévaloir de ce consentement. Remarquez une différence profonde entre le dol et la violence : le dol ne peut être opposé, comme cause de nullité, qu'à celui qui l'a commis ; la violence peut être invoquée contre tout contractant : c'est que la victime d'une violence n'a rien à se reprocher, et que l'auteur principal d'une brutalité reste souvent dans l'ombre (Nap., 1111).

142. L'action en nullité, qui est motivée par l'erreur, l'action ou la violence, dure dix années, à moins qu'elle ne soit éteinte plus tôt par une ratification expresse ou tacite. Ces dix années courent, dans le cas de violence, du jour où elle a cessé; dans le cas d'erreur ou de dol, du jour où il a été découvert (Nap., 1304). Cette nullité ne peut être invoquée que par l'auteur du consentement vicié ou par ses héritiers; mais, son obligation une fois annulée, les autres contractants peuvent invoquer la condition résolutoire qui est sous-entendue dans les contrats synallagmatiques (Nap., 1184).

CHAPITRE II.

Capacité.

143. En principe, toute personne peut contracter; mais ce principe souffre des exceptions que je vais parcourir.

§ 1. — Mineur.

144. Le mineur, même émancipé, ne peut pas figurer dans une commandite par actions. Suivant la jurisprudence, la souscription d'actions est un acte commercial ; donc un mineur émancipé ne peut faire cette souscription que s'il est âgé de 18 ans et autorisé conformément à l'article 1er du Code de Commerce. Supposez un mineur émancipé, âgé de 18 ans, et autorisé *d'une manière générale* à faire le commerce, peut-il entrer dans une Société en commandite par actions? A mon avis, l'autorisation générale de faire le commerce ne suffit pas pour qu'il joue le rôle de commandité : probablement l'effrayante solidarité qui est attachée à ce rôle n'a pas été prévue par le père qui permettait simplement le commerce : il faut donc une autorisation *spéciale* (Com. 1er). Mais l'autorisation générale de faire le commerce suffit pour contracter l'engagement de commanditaire.

§ 2. — Femme mariée.

145. Je déciderai pour elle comme pour le mineur les questions relatives à l'autorisation. J'ajouterai, avec un auteur distingué, que l'autorisation du tribunal ne peut pas suppléer à celle du mari, si la femme veut être associée en nom (Com., 4). En effet, on ne doit pas exposer une femme, malgré son mari, à une responsabilité indéfinie et à la contrainte par corps.

§ 3. — Interdit.

146. Il est évident que l'interdit est incapable de figurer dans une commandite par actions.

Supposez qu'un de ces incapables ait pris part au contrat : il pourra invoquer la nullité de son obligation pendant dix années, à compter de la capacité acquise ou recouvrée. Ce point de départ présente des inconvénients, quand il s'agit d'un interdit, car il a pu oublier l'engagement contracté pendant sa démence, et n'en découvrir la trace que dix ans après la levée de l'interdiction.

147. La loi de 1838 sur les aliénés a pris un point de départ plus rationnel : les actes d'une personne non interdite, mais régulièrement détenue dans une maison de santé, peuvent être attaqués par elle pendant dix années ; mais ce délai court seulement du jour où elle a connu ces actes après sa sortie définitive de l'établissement sanitaire (art. 39).

CHAPITRE III.

Objet déterminé et livré au commerce.

148. Pour que la promesse soit sérieuse et obligatoire, il faut qu'elle ait un objet déterminé, quant à son espèce, ou dont la quotité puisse être précisée. Trois buveurs en gaieté s'avisent d'organiser un de ces établissements qui fatiguent l'estomac sous prétexte de le restaurer. Le premier promet de fournir *du* vin; le deuxième, *de la* viande; le troisième, *du* pain. Mais de quelle espèce? de quelle qualité? en quelle quantité? Ils ne fixent rien. Aux yeux de la Loi, cette convention élastique n'est qu'une plaisanterie (Nap., 1129).

149. L'objet de la promesse peut être une chose future; mais il faut en excepter les successions non ouvertes (Nap., 1130). Les Romains toléraient les pactes relatifs aux successions espérées (1); le législateur français prohibe ces conventions comme indécentes et dangereuses. Voulez-vous comprendre toute la sagesse de cette prohibition, écoutez cet héritier présomptif qui déplore les infirmités prolongées de son riche parent; un reste d'affection ou de pudeur retient ses souhaits homicides ; mais s'il cède ses droits à un étranger, quel frein arrêtera la cupidité du cessionnaire?

150. Les choses qui sont hors du commerce, ne peuvent être l'objet d'une promesse obligatoire. Telle est cette influence que l'homme puissant exerce sur les autorités: l'estimation en serait impossible, et la vente, criminelle! Mais le crédit commercial, c'est-à-dire cette confiance que la probité et la fortune inspirent au public, peut être l'objet d'une obligation valable.

---

(1) Digeste, liv. 17, tit. 2, fr. 3, § 2, Paul.

CHAPITRE IV.

But licite.

131. La loi ne saurait prêter son appui à un acte blâmable : donc elle n'exigera pas l'exécution d'une promesse qui tend à un but illicite. Imaginez une Société organisée pour faire la contrebande, pour frapper des monnaies fausses, ou pour fabriquer des choses dont l'État a le monopole : c'est une convention qui entraîne pour ses auteurs, non des droits, mais des châtiments.

CHAPITRE V.

Conditions prescrites pour obvier à la fraude.

§ 1.

132. Le contrat doit être constaté par écrit. Un acte sous seing-privé est suffisant ; mais il faut alors autant d'originaux qu'il y a d'intérêts distincts (Com., 39, Nap., 1325). La pratique se contente de deux originaux : l'un, pour les commandités ; l'autre, pour les commanditaires. Chaque exemplaire doit mentionner qu'on a fait deux originaux. Doutez-vous du succès, vous ferez bien d'attendre la fin des souscriptions pour faire les frais d'un acte authentique.

§ 2.

153. Le contrat doit être transcrit par extrait, dans la quinzaine de sa date, au greffe du tribunal de commerce dans l'arrondissement duquel est établi le siége social; de plus, cet extrait doit être affiché pendant trois mois, dans la salle des audiences. Si la Société a plusieurs comptoirs dans divers arrondissements, il faut remplir dans chaque arrondissement ces deux formalités (Com., 42). Une loi de 1833, voulant étendre la publicité du contrat, ordonne d'en insérer un extrait dans certains journaux désignés par le tribunal de commerce; cette insertion doit avoir lieu dans la quinzaine qui suit la rédaction du contrat; elle est prouvée au moyen d'un exemplaire du journal certifié par l'imprimeur, légalisé par le maire et enregistré dans les trois mois de sa date.

Si l'on a omis une de ces formalités, toute personne intéressée peut invoquer la nullité du contrat. Toutefois, ces précautions, prescrites en faveur des tiers, ne doivent pas être tournées contre eux : donc, la nullité ne pourra pas être démandée par un associé contre un tiers.

L'extrait doit indiquer les noms, prénoms, qualités et demeure des commandités ; la raison sociale, les noms des gérants, le montant des valeurs fournies ou à fournir par actions, l'époque où la Société doit commencer et celle où elle doit finir (Com., 43). Il doit être signé, si l'acte est authentique, par les notaires qui l'ont reçu ; si l'acte est privé, par tous les commandités (Com., 44).

Toute continuation de Société après l'expiration de son terme doit être constatée par une déclaration des associés, qui sera publiée de même que l'acte primitif (Com., 46) : à défaut de publication, la nullité sera opposable comme dans le cas précédent.

§ 3.

154. Supposez un contrat décoré du nom de Société, qui n'attribue à l'un des contractants aucune partie des bénéfices ou qui lui assigne une part dérisoire : ce partage, digne du lion de la fable, déguise souvent une donation : en effet, pour éluder l'incapacité de certains donataires ou les formes tutélaires de la donation l'on prend le masque d'une Société. Le législateur, voulant réprimer cette fraude, annule les *Sociétés léonines* (Nap., 1855).

§ 4.

155. Si tous doivent participer aux profits, tous doivent aussi contribuer aux pertes : si vous stipulez une exemption complète ou presque absolue des

mauvaises chances, la Loi vous suspecte d'usure et annule le contrat (Nap., 1855).

§ 5.

156. Craignant que les actions ne dégénèrent en billets de loterie, le législateur vient de fixer un minimum qu'il faut respecter sous peine de nullité : toute action ou coupon d'action doit être de cent francs au moins, si le capital social n'excède pas deux cent mille francs; de cinq cents francs au moins, si le capital social dépasse deux cent mille francs.

§ 6.

157. Aucune clause du contrat ne doit libérer un souscripteur d'action, avant le payement intégral de la somme promise par lui.

§ 7.

158. Pour faciliter la poursuite contre les souscripteurs d'actions, la loi veut que toute action soit nominative jusqu'au payement complet du montant de la souscription.

§ 8.

159. Aucune action ou coupon d'action ne doit être négociable avant que le souscripteur ait versé les deux cinquièmes de la somme pour laquelle il a souscrit.

§ 9.

160. Le gérant doit déclarer devant notaires que les souscriptions atteignent la totalité du capital social, et que chaque actionnaire a versé le quart au moins de la somme promise par lui. Il doit annexer à cette déclaration la liste des souscripteurs, l'état des versements faits par eux et l'acte de Société.

§ 10.

161. Les apports non-pécuniaires et les stipulations d'avantages particuliers doivent être contrôlés par l'assemblée générale des actionnaires, conformément à l'article 4 de la loi nouvelle.

§ 11.

162. Un Conseil de surveillance, composé de cinq actionnaires au moins, doit être nommé par l'assemblée générale des actionnaires, immédiatement après la constitution définitive de la Société, et avant toute opération sociale ; la première élection ne doit être faite que pour une année.

163. Si le contrat déroge à *l'une* des prescriptions mentionnées dans les paragraphes 5 et suivants, toute personne intéressée peut le faire déclarer nul. Toutefois, cette *nullité* ne peut être opposée aux tiers par les associés (Loi command., 6) : car nul ne peut tirer de sa faute un titre contre les innocents.

TROISIÈME PARTIE.

DES CAUSES QUI DISSOLVENT LA SOCIÉTÉ EN COMMANDITE PAR ACTIONS.

104. Plusieurs causes peuvent dissoudre la Société, c'est-à-dire ravir à la convention sa force obligatoire.

§ 1. — Consommation de l'entreprise.

Quand le but est atteint, les moyens deviennent inutiles; or, les promesses des associés sont des moyens pour réaliser une entreprise : il est donc logique de libérer ces associés quand cette entreprise est accomplie. C'est la manière la plus naturelle d'éteindre les engagements, car c'est l'entier accomplissement de la promesse. Faut-il un exemple? Une Société a été constituée pour dessécher un marais ; quand le sol est assaini , les obligations s'évanouissent faute d'objet (Nap., 1865, § 2).

§ 2. — Arrivée du terme convenu.

165. Voici encore un cas où l'obligation a suivi son cours naturel : engagés pour un certain temps, vous n'êtes pas obligés au delà ; car l'obligation contractuelle se mesure sûr la promesse (Nap., 1865, § 1). On peut assimiler au terme convenu la condition résolutive stipulée par les parties : son accomplissement dissout la Société.

§ 3. — Repentir unanime.

166. Le lien forgé par l'accord des volontés peut être brisé par un semblable accord : vous deviez respecter votre parole parce que les autres contractants comptaient sur elle; s'ils vous la rendent, vous recouvrez une pleine liberté.

§ 4. — Renonciation.

167. Le repentir unanime est une cause de dissolution pour tous les contrats ; en voici une qui est spéciale à la Société. Vous vous êtes engagé dans une Société sans fixer la durée de votre obligation, et partant, vous êtes lié pour votre vie entière : il vous semblait alors que l'amitié serait éternelle et l'activité infatigable. Mais voici que l'intérêt trouble l'harmonie ou que l'âge refroidit votre ardeur : vous regrettez maintenant votre promesse imprudente. La loi vient à votre secours : elle vous permet de rompre le contrat malgré les autres parties ; elle exige seulement que votre renonciation soit faite de bonne foi et en temps opportun (Nap., 1869).

Cette faculté, accordée aux commandités, ne doit pas être étendue aux commanditaires : c'est une ressource suprême dont ils n'ont pas besoin, puisqu'ils peuvent se dégager en négociant leurs actions ; la Cour de cassation a statué dans ce sens (1).

Si la durée des engagements est limitée par un contrat, la volonté isolée d'un associé ne suffit pas pour les briser (Nap., 1871). Mais, s'il invoque de graves raisons, par exemple, l'infidélité ou l'infirmité habituelle d'un des contractants, le tribunal pourra dissoudre la Société (*voyez* § 10).

§ 5. — Extinction de certaines choses.

108. Dans les cas précédents vous étiez libéré parce que vous aviez exécuté votre promesse ou obtenu une décharge, soit de tous les associés, soit du législateur indulgent pour votre imprudence : voici une hypothèse bien différente. L'établissement que

---

(1) Cassation, 6 décembre 1843.

les associés devaient exploiter est détruit par un incendie ou un autre malheur : vous êtes libéré, car on ne peut pas exiger de vous une exploitation impraticable ; c'est l'application de l'adage « à l'impossible nul n'est tenu ».

Un associé avait promis, à titre de mise sociale, la propriété d'une chose : si cette chose périt *avant la translation de la propriété,* l'exécution de sa promesse est désormais impossible, et partant il est libéré. Les autres parties sont déçues dans leur juste attente, et peuvent invoquer la condition résolutoire qui est sous-entendue dans tout contrat synallagmatique (Nap., 1867-1184).

Supposez l'extinction d'un bien dont un associé avait promis la *jouissance ;* semblable à un bailleur qui voit périr la chose louée, il ne peut remplir sa promesse ; par conséquent les autres associés sont dégagés (Nap., 1867, § 2).

§ 6. — Mort de certains associés.

160. La prospérité sociale dépend des qualités du gérant : la considération de sa personne a donc influé puissamment sur l'adhésion des autres associés. On peut dire qu'ils ont contracté sous la condition tacite que lui seul dirigerait le fonds social ; s'il meurt, cette condition est défaillie : donc ses coassociés doivent être libérés (Nap., 1865, § 3).

La personne d'un commandité non-gérant mérite

aussi une grande attention ; car le crédit dont il jouit peut faire le succès de la Société. Son héritier n'inspire pas toujours la même confiance au public : donc il est juste de libérer les associés survivants. S'il est logique de présumer que les qualités personnelles d'un commandité ont déterminé le consentement des autres associés, cette présomption doit céder à la preuve contraire : ont-ils stipulé expressément que la Société continuerait entre les survivants, cette clause doit être observée (Nap., 1808). La loi prévoit et valide une convention bien plus téméraire : vous pouvez calculer, jusqu'à un certain point, si les survivants suffiront aux opérations sociales ; mais comment savoir si l'héritier inconnu de votre associé ne sera pas une cause de ruine ? L'admettre à l'avance dans la Société, c'est commettre une grave imprudence. Les Romains, pénétrés de cette vérité, annulaient cette clause insensée (1). Le Code Napoléon la tolère, mais la prudence la condamne (Nap., 1808).

170. Les contractants attachent une faible importance à la personne d'un commanditaire, parce qu'il est étranger à la gestion des affaires sociales et qu'il contribue peu au crédit de la Société ; ils ont même consenti d'avance à ce qu'un inconnu prît sa place : donc la mort d'un commanditaire ne doit pas dissoudre le Société. Si l'actionnaire défunt était mem-

____

(1) Digeste, liv. 17, tit. 2, fr. 59 et 63.

bre du Conseil de surveillance, on nommera un nouveau conseiller, et la Société restera debout.

§ 7. — Interdiction de certains associés.

171. Le gérant est le bras de la Société : s'il est
interdit, elle se trouve paralysée. Les associés ont
contracté, sans doute, en vue de ce gérant : donc ils
doivent être libérés. Si l'interdiction frappe un commandité non-gérant, elle est moins nuisible aux intérêts sociaux ; cependant, altérant le crédit de cet
associé solidairement responsable, elle peut motiver
la dissolution du contrat (Nap., 1865, § 4).

Quant au commanditaire, son interdiction est in-
différente à la Société.

§ 8. — Faillite de certains associés.

172. Il est évident que la faillite d'un commandité
lui enlève le crédit en vue duquel les autres associés
ont contracté : donc c'est une cause de dissolution
(Nap., 1865, § 4, *à fortiori*).

S'agit-il d'un commanditaire, il faut, je crois,
faire une distinction : s'il n'a pas versé sa mise, les
autres associés peuvent demander la dissolution du
contrat, parce qu'il ne remplit pas son engagement
(Nap., 1184) ; mais, s'il a fait son apport, sa faillite a
pour unique conséquence d'opérer malgré lui le
transfert de ses actions, et partant, elle ne donne pas
lieu à la dissolution du contrat.

9.

§ 9. — Déconfiture de certains associés.

175. On peut raisonner sur la déconfiture comme sur la faillite (Nap., 1865, § 4).

§ 10. — Inexécution des engagements d'une partie.

174. C'est un principe général applicable aux Sociétés qu'un contractant peut demander la dissolution du contrat quand l'autre manque à sa promesse (Nap., 1184).

§ 11. — Omission de nommer un Conseil de surveillance dans les six mois qui ont suivi la promulgation de la loi nouvelle.

175. Sentant la nécessité d'un contrôle sérieux, le législateur exige que toute Société en commandite par actions antérieure à la loi de 1856 nomme un Conseil dans le délai de six mois, qui peut être étendu par les tribunaux à raison des circonstances. Si on viole cette prescription tutélaire, chaque actionnaire peut faire prononcer la dissolution de la Société (Loi command., 15).

OBSERVATIONS GÉNÉRALES SUR LA DISSOLUTION DE LA SOCIÉTÉ.

176. 1re *Observation* : Hors ce cas exceptionnel, un commanditaire isolé ne peut pas provoquer la dissolution du contrat. L'intérêt général des actionnaires doit prévaloir sur l'intérêt individuel : aussi la loi nouvelle a-t-elle concentré aux mains du Conseil de surveillance, le droit de provoquer la dissolution de la Société (Loi command., 9). *Voy.* le n° 126.

177. 2ᵉ *Observation :* Après avoir énuméré les causes qui dissolvent la commandite par actions, je dois signaler un principe qui domine la dissolution des *Sociétés commerciales.* Vous avez conclu une affaire avec l'administrateur d'une *Société civile* qui était déjà atteinte par une cause d'extinction : si vous ignoriez cet événement, vous pouvez vous prévaloir de votre opération. Cette question de fait provoque une enquête où la vérité est souvent trahie. S'agit-il d'une Société commerciale, le danger de la preuve testimoniale devient effrayant : car une telle Société entraîne des transactions importantes et innombrables. Pour conjurer ce péril, le Code de Commerce consacre une présomption qui exclut la preuve contraire (Nap. 1352), et qui tarit ainsi la source des procès. Il ordonne de *publier la dissolution* de la Société comme on a divulgué sa naissance : si cette publication a été régulièrement opérée, l'extinction de la Société est réputée connue de tous, et peut être opposée à tous ; si cette publication a été omise ou irrégulière, la dissolution du contrat est non avenue pour toute personne intéressée à la méconnaître. Ce principe sévère reçoit deux tempéraments : 1° Supposez que la Société soit dissoute par l'arrivée du terme primitivement convenu : le public connaissait à l'avance cette dissolution : donc, il est inutile de la divulguer après coup.

2° Les associés ne peuvent pas alléguer contre les tiers le défaut de publication, parce que nul ne peut invoquer sa faute comme un titre contre les innocents.

178. Toute modification est une dissolution partielle : donc, elle doit être publiée dans les formes prescrites, et cette obligation est sanctionnée comme la précédente (Com., 46).

179. Je suis arrivé à la fin du plan que je m'étais tracé au début de ce travail. Pour élever un monument digne de la commandite par actions, il faudrait le génie de Pothier ; et je sens vivement ma faiblesse en face d'une tâche si laborieuse. Mon œuvre n'est pas un de ces traités savants qui bravent la critique : c'est une esquisse méthodique, qui trouvera, j'espère, des juges indulgents. Dieu veuille qu'elle fasse entrevoir aux esprits industrieux le secours puissant que leur offre ce contrat ingénieux ; aux capitalistes trop confiants, les fraudes qui se cachent sous cette forme sociale ; aux fondateurs de commandites par actions, les règles qu'ils doivent suivre ; et aux jurisconsultes modernes, une mine féconde qu'ils exploiteront mieux que moi !

FIN.

APPENDICE

SOCIÉTÉ EN COMMANDITE PAR ACTIONS.

DISPOSITIONS FISCALES.

Pour avoir une idée complète de la Société en commandite par actions, il faut jeter un regard sur les dispositions fiscales qui s'y rattachent. Portons notre attention non-seulement vers le code de l'enregistrement, mais aussi et surtout vers deux lois récentes qui ont assis, avec raison, des taxes fécondes sur certains meubles incorporels. Toutes deux frappent d'impôts les actions et obligations négociables : la première, *décrétée le 5 juin* 1850, assujettit au timbre ces titres commerciaux; la seconde, *votée le 23 juin* 1857, les soumet à un droit de transmission.

Fidèle au plan que j'ai déjà suivi, j'exposerai successivement les obligations et les droits qui découlent des lois fiscales pour les commandités-non-gérants, pour les commandités-gérants, pour les simples commanditaires, pour les membres du conseil de surveillance et pour la personne morale.

CHAPITRE Ier. — *Appendice aux obligations et droits des commandités non-gérants.*

SECTION Ire. — Appendice aux obligations des commandités non-gérants.

§ 1er. — Obligations relatives à l'impôt sur le timbre.

1° Le corps judiciaire et l'administration de l'enregistrement furent longtemps divisés sur les impôts applicables aux actions mobilières. Le 5 juin 1850, le législateur a terminé cette lutte en grevant ces titres d'un droit simple et précis : toute action négociable émise à partir du 1er janvier 1851, doit être timbrée. Ce timbre coûte 50 cent. par 100 fr., si la Société est constituée pour dix ans au plus ; 1 fr. par 100 fr., si la Société est établie pour plus de dix années. Supposez que la durée de la Société, d'abord limitée à dix ans, soit prolongée après cette période, un nouveau droit sera dû à l'État. Cet impôt est calculé sur le capital nominal de l'action, et, à défaut de capital nominal, sur le capital réel ; il suit les sommes et valeurs de 20 fr. en 20 fr., inclusivement et sans fractions. La personne morale doit en avancer le montant ; mais chaque propriétaire d'action doit rembourser à la Société la somme payée pour le timbre qui le concerne. Si vous joignez à la qualité de commandité celle d'actionnaire, vous êtes soumis à cette charge. Quand le titre primitif a été timbré, les titres délivrés par suite de transfert ou de renouvellement sont timbrés sans frais.

Exiger une avance considérable d'une Société qui débute, c'est peut-être retarder ses distributions de dividendes et ruiner son crédit naissant. Frappé de ce danger, le législateur a permis à la Société d'opter entre l'impôt une fois payé et une taxe annuelle de 5 cent. par 100 francs, qui est exigible par quart à la fin de chaque trimestre. Choisit-elle cet impôt divisé, le législateur a égard à ses non-valeurs et lui accorde un dégrèvement dans deux hypothèses : si elle est en liquidation, elle est déchargée à jamais de cet impôt ; si elle n'a délivré depuis deux ans ni dividendes ni intérêts, elle est dispensée de la taxe jusqu'au premier paiement de dividendes ou d'intérêts. Le prix de cet abonnement doit être avancé par la personne morale ; mais il est juste qu'il incombe finalement aux actionnaires : commandité qui avez des actions, vous êtes obligé de *rembourser à la personne morale la portion de la taxe qui se rapporte à vos actions.*

2° Si la loi ne soumettait au timbre que les actions négociables, elle serait facilement éludée par la mauvaise foi. Regardez cette société dont le capital s'élève à un million : elle le réduirait à 500000 fr. pour souscrire des obligations négociables comme les actions, mais non soumises au timbre. Arrière cette fraude! Les obligations négociables seront soumises, comme les actions négociables, à un timbre fécond pour l'État. Le coût du timbre sera égal au centième du montant de l'obligation. Il sera avancé par la personne morale, mais elle aura recours

contre les propriétaires d'obligations, proportionnellement à leurs titres respectifs : commandité qui
avez des obligations, vous êtes sujet à ce recours.

Pour les obligations comme pour les actions,
l'impôt une fois payé peut être remplacé par un
abonnement annuel, calculé à raison de 5 cent. par
100 francs, et payable par trimestre. La Société en
fait l'avance, puis se fait indemniser par les propriétaires d'obligations, notamment par le commandité qui a un titre de cette nature.

§ 2. — Obligations relatives à l'impôt sur la transmission des actions
négociables et des obligations négociables (1).

La loi qui fixe le budget de 1858 vient d'ajouter
au droit de timbre un *droit de transmission* qui
frappe indistinctement les actions négociables et les
obligations négociables. Cette charge incombe
même aux Sociétés antérieures à la loi du 23 juin
1857. S'agit-il d'un titre qui ne peut pas être cédé
sans inscrire le transfert sur les registres de la Société, le fait de la transmission sera facilement constaté : aussi la loi établit-elle un droit de 20 cent.
par 100 francs sur chaque fait de cette nature. Mais
imaginez un titre cessible par endossement ou par
tradition : il est impossible d'en suivre les vicissi-
tudes. En conséquence, la loi substitue une pré-

---

(1) Voyez la Loi du 23 juin 1857, et le Décret réglementaire du 17 juillet
1857 (*Moniteur* du 21 juillet 1857).

somption à la réalité: si les mutations relatives à ces titres étaient fidèlement déclarées, que produiraient-elles, année commune, pour le Trésor public? Le législateur évalue ce produit moyen à 12 cent. par 100 francs pour chaque année. Partant de cette évaluation, il impose à ces titres une taxe annuelle de 12 cent. par 100 francs. Mais comment estimer le capital qui servira de base à cette taxe? En calculant le cours moyen de l'année précédente, c'est-à-dire en divisant la somme des cours moyens de l'année précédente par le nombre de ces cours. Les cotes de la Bourse parisienne seront seuls pris en considération. A défaut de cours moyen, on recourra à la déclaration estimative des parties, sauf l'application du double droit si l'on constate une omission ou une insuffisance dans cette déclaration. Cet impôt annuel est payable par trimestre.

La personne morale est responsable envers le Trésor public du droit de transmission et de la taxe qui le remplace en certains cas; mais, en définitive, cette charge doit incomber aux propriétaires d'actions négociables ou d'obligations négociables. Si l'on inscrit le transfert sur les registres de la Société, elle peut exiger alors que l'acquéreur l'indemnise à l'avance. Si la cession s'opère sans un transfert inscrit sur les registres sociaux, le propriétaire du titre taxé sera soumis au recours de la personne morale. Quand il s'agit d'un titre au porteur, ce recours peut sommeiller longtemps, parce que la Société ignore en quelle main repose le titre; mais lorsque le détenteur réclamera sa part des dividendes ou du fonds social, la Société lui opposera la compensation. Voilà une charge qui peut grever les commandités.

Nous verrons bientôt que le législateur accorde aux propriétaires des titres taxés la faculté d'en changer la forme. Si cette conversion était exempte d'impôt, elle fournirait un moyen facile pour éluder la loi : défiez-vous de cet homme qui se prétend fatigué de la forme nominative, et qui sollicite un titre au porteur! Si vous accueillez sa demande, il se hâtera de livrer le nouveau titre à un cessionnaire, et cette mutation passera inaperçue. Pour prévenir cette fraude, la loi décide que la conversion des titres donnera lieu au droit de transmission.

La Société est responsable de cet impôt ; mais elle peut exiger que le propriétaire du titre converti l'indemnise d'avance au moment de la conversion. Voilà encore une obligation qui peut incomber aux commandités.

Toutefois les titres au porteur peuvent être convertis sans frais en titres sujets à la déclaration de transfert, pendant les trois mois qui suivent la mise à exécution de la loi, c'est-à-dire *jusqu'au 1er octobre* 1857. Mais la conversion contraire ne jouit pas de la même faveur.

SECTION II. — *Appendice aux droits des commandités non-gérants.*

L'impôt relatif à la transmission des actions négociables et des obligations négociables, a entraîné, comme conséquence, un droit précieux pour les propriétaires de ces titres. Voici des actions au porteur qui dorment depuis longtemps entre les mains d'un homme inactif : quant à lui, la présomption de la loi est inexacte : il n'est pas vrai que la taxe annuelle de 12 cent. par 100 francs représente l'impôt qui grèverait la déclaration consciencieuse de ses aliénations. Il pourra échapper à cette présomption, *relativement erronée*, en exigeant de la Société que son titre au porteur soit converti en titre soumis à la déclaration de transfert. Regardez, au contraire, ce spéculateur ardent, qui achète des titres pour les vendre aussitôt : pour lui, la présomption légale vaux mieux que la réalité : donc il peut exiger des titres au porteur.

Toutefois, la loi ne viole pas la constitution des Sociétés : elle n'accorde cette option aux propriétaires de titres négociables, que si la Société admet le titre au porteur.

CHAPITRE II. — *Appendice aux obligations et droits des commandités-gérants.*

SECTION Ire. — Appendice aux obligations des commandités-gérants.

§ 1er. — Obligations relatives au timbre des actions négociables et des obligations négociables.

Choisi parmi les commandités pour gérer les affaires sociales, vous êtes grevés des obligations et investis des droits que les lois fiscales ont assignés aux simples commandités.

De plus, votre qualité de gérant vous impose certaines charges que je vais signaler.

1° Voulez-vous émettre des actions négociables? Il faut les tirer d'un *régistre à souche*, et faire apposer le timbre sur la souche et le talon.

2° Pour assurer l'accomplissement de cette formalité fiscale, la loi de 1850 vous oblige à communiquer le registre aux Préposés de l'enregistrement, selon le mode prescrit par l'article 54 de la loi du 22 frimaire an VII. Votre refus duement constaté vous rendrait passible d'une amende de 50 francs.

Ces deux prescriptions s'appliquent aux obligations négociables.

3° Vous devez acquitter l'impôt une fois payable, au bureau de l'enregistrement du lieu où le siége social est établi. Si la société a opté pour l'abonnement, vous devez verser au même bureau, à la fin de chaque trimestre, le quart de la taxe annuelle.

§ 2. — Obligations relatives à la transmission des actions négociables et des obligations négociables.

1° Dans le mois qui suit la constitution définitive de la société, vous devez déclarer au bureau précité: l'objet, le siége et la durée de la Société; la date de l'acte constitutif et celle de l'enregistrement de cet acte; les noms des gérants; le nombre et le montant des titres émis, en distinguant les actions des obligations, et les titres soumis à la déclaration de transfert, des titres négociables sans déclaration de transfert. Si quelque changement survient, vous devez le dénoncer au même bureau dans le délai d'un mois.

2° Dans les 20 jours qui suivront l'expiration du délai accordé pour la conversion gratuite, indiquez au receveur de l'enregistrement le nombre des titres ainsi transformés.

3° A chaque transfert et à chaque conversion non gratuite, percevez le droit de mutation dont la personne morale sera comptable envers le Trésor public.

4° A la fin de chaque trimestre, délivrez au receveur de l'enregistrement le relevé des transferts et des conversions, l'état des actions et obligations soumises à la taxe annuelle, et l'indication de leur cours moyen pendant l'année précédente.

5° Communiquez sans déplacement aux Préposés de l'enregistrement les registres de transferts et conversions, ainsi que tous les documents qui s'y rattachent; laissez prendre sans frais toute copie utile au Trésor public. Votre refus entraînerait une amende de 100 fr. à 5,000 fr. Le procès-verbal dressé par le Préposé et affirmé dans les 24 heures, fait foi de votre refus jusqu'à inscription de faux ;

6° Dans les vingt jours qui suivent la fin du trimestre, versez au bureau de l'enregistrement le montant des droits de transmission ouverts pendant ce trimestre et le quart de la taxe annuelle.

7° Recourez contre les propriétaires d'actions ou d'obligations taxées, pour qu'ils indemnisent la société. Si cette indemnité est encore due lors de la distribution des dividendes, prélevez-la sur les parts respectives des débiteurs.

SECTION II. — Appendice aux droits des commandités-gérants.

Comme le simple commandité, vous pouvez exiger que la société change la forme de vos titres.

CHAPITRE III. — *Appendice aux obligations et aux droits des simples commanditaires.*

Les deux lois fiscales que nous étudions produisent les mêmes effets pour les simples commanditaires que pour les commandités non gérants.

CHAPITRE IV. — *Appendice aux obligations et aux droits des membres du conseil de surveillance.*

Élus parmi les commanditaires, les membres du conseil de surveillance sont évidemment grevés des charges et investis des avantages que les lois fiscales assignent aux simples commanditairer. Mais ces lois leur imposent-elles, à raison de leurs fonctions, des obligations spéciales? Je ne connais aucun texte précis à cet égard, mais le titre de *surveillant* me paraît impliquer l'obligation de vérifier si les lois ont été fidèlement observées par le gérant. Nous allons voir les graves conséquences que la violation de ces lois entraîne pour la personne morale, et partant, pour les commanditaires : le conseil manquerait à sa mission s'il ne conjurait pas ce danger ; à mon avis, sa négligence pourrait donner lieu à des dommages-intérêts.

CHAPITRE V. — *Appendice aux obligations et aux droits de la personne morale.*

SECTION Iʳᵉ. — Appendice aux obligations de la personne morale.

Les lois fiscales imposent à la personne morale diverses obligations qui grèvent son patrimoine d'une assez lourde charge.

§ Iᵉʳ. — Obligations relatives au timbre des actions et obligations négociables.

1° Quant aux *actions négociables*, la Société doit observer scrupuleusement la loi sur le timbre : sinon, elle encourt des amendes ruineuses. Ainsi, tirez les actions négociables d'un registre à souche ; faites apposer sur la souche et sur le talon le timbre de 5o cent. pour 1oo fr., si la Société est constituée pour dix ans au plus ; le timbre de 1 fr. pour 1oo fr., si la Société est créée pour un plus long temps. Malheur à la Société qui viole ces prescriptions! Elle payera une amende égale aux douze centièmes des actions illégalement émises. Agents de change et courtiers, gardez-vous de concourir à la cession de ces titres ! Vous subiriez une amende égale aux dix centièmes de leur valeur.

Quels que soient les statuts de la Société, elle est obligée d'avancer le coût du timbre.

Si elle préfère à l'impôt une fois payé la taxe annuelle de 5 cent. par 100 fr., elle devra payer cette redevance par quart, à la fin de chaque trimestre, et ne pourra pas se dispenser d'en faire l'avance. Mais rappelez-vous les deux cas où la loi accorde un dégrèvement;

2° Les *obligations négociables* doivent aussi être tirées d'un registre à souche; la souche et le talon doivent recevoir un timbre qui coûte un centième du montant de l'obligation, quelle que soit la durée de la Société. Si la Société contrevient à ces dispositions elle subira une amende égale aux dix centièmes des obligations illégalement émises.

La Société peut opter entre ce droit une fois payé et une taxe annuelle de 5 cent. par 100 francs, qui est payable par quart à la fin de chaque trimestre, mais qui n'est pas susceptible de dégrèvement.

En tout cas, elle doit faire l'avance de l'impôt.

§ 2. — Obligations relatives à la transmission des actions et obligations négociables.

1° Vous savez déjà que le gérant, représentant la Société, doit délivrer au receveur de l'enregistrement, à la fin de chaque trimestre, le relevé des transferts et des conversions, l'état des actions et obligations soumises à la taxe annuelle, et l'indication de leur cours moyen pendant l'année précédente; si cette évaluation pèche par omission ou par évaluation insuffisante, *le droit sera doublé* à titre de peine.

2° La Société est constituée débitrice du droit de transmission par le fait seul du transfert ou de la conversion ; elle alléguerait en vain que ce droit n'a pas été payé entre ses mains par les propriétaires des titres transférés ou convertis. Cette disposition assure énergiquement le recouvrement de l'impôt.

3° Quant aux titres négociables sans déclaration de transfert, la Société doit faire l'avance de la taxe annuelle qui les frappe.

4° Si l'acte constitutif de la Société admet les titres au porteur, elle est obligée, *en tout temps*, de satisfaire les propriétaires d'actions ou d'obligations qui veulent assujettir leurs titres à la déclaration de transfert ou les affranchir de cette sujétion.

Toute contravention à ces dispositions entraîne une amende de 100 fr. à 5,000 fr.

Imposant ces charges aux Sociétés françaises, il faut grever d'impôts équivalents, les actions et obligations étrangères qui sont négociées en France : autrement, elles feraient à nos entreprises une concurrence ruineuse. Le législateur a compris cette vérité, et s'est efforcé de tenir la balance égale entre l'industrie française et l'industrie étrangère. Aux termes du décret réglementaire, toute Société étrangère qui est autorisée à faire coter en France, ses actions ou obligations, doit faire agréer par le ministre des finances un représentant responsable ; de plus, elle doit faire fixer par ce ministre un certain nombre d'actions et obligations qui seront soumises à deux taxes annuelles : la première qui est de 5 c. par 100 fr., équivaut à l'impôt du timbre, et un avis officiel inséré au *Moniteur*, tient lieu de l'apposition du timbre; la seconde qui s'élève à 12 c. par 100 fr., correspond au droit de transmission, et se perçoit sans distinguer la forme du titre.

§ 3. — Obligations relatives à l'enregistrement.

Outre ces impôts, dont la Société doit *avancer* le montant, voici des charges qu'elle supporte *définitivement* dans l'intérêt du fisc. Les actes qui constatent la formation de la Société, sa dissolution ou le partage de son patrimoine, sont soumis au droit fixe de 5 fr. et au double décime de guerre. A partir du 1er janvier 1858, *le second decime cessera d'être perçu en matière d'enregistrement.* Si ces actes contiennent promesse d'argent, libération ou aliénation, ils donnent lieu à un droit proportionnel (1).

L'impôt varie selon que l'associé reçoit, en échange de son apport, des actions ou de l'argent; selon qu'il aliène ou retient la propriété de sa mise. *Il importe de confier la rédaction du contrat de Société à des hommes qui connaissent toutes les subtilités de l'enregistrement :* unr expression équivoque

---

(1) L. 22 frimaire an 7, art 68, § 3, n° 4.

L. 28 avril 1816, art. 45, n° 2.

peut entraîner de lourdes charges ou des procès plus onéreux encore.

SECTION II. — Appendice aux droits de la personne morale.

§ 1er. — Droits relatifs à l'impôt sur le timbre.

Obligée d'avancer, mais non de supporter définitivement l'impôt du timbre, la Société a le droit de recourir contre les propriétaires des actions et obligations taxées : grâce à ce recours, chacun paye la portion de l'impôt qui concerne ses titres.

§ 2. — Droits relatifs à l'impôt sur la transmission.

La Société peut exiger, à chaque transfert ou conversion de titre, que le propriétairs de ce titre dépose en ses mains le droit de transmission. Si elle a négligé cette précaution, elle peut, après avoir avancé le montant de ce droit, poursuivre en indemnité le propriétaire du titre transféré ou converti. Quant à la taxe annuelle, la Société n'a d'autre ressource que le recours postérieur au payement.

§ 3. — Droits relatifs à ces deux impôts.

Supposez que le gérant, peu fidèle aux lois fiscales, ait donné lieu à une amende contre la Société : la personne morale pourra se faire indemniser par ce mandataire négligent.

A mon avis, les commanditaires, toujours lésés

par les malheurs de la Société, peuvent poursuivre en dommages-intérêts les membres du Conseil de Surveillance qui n'ont pas tenu la main à l'exécution des lois fiscales.

Remarquons enfin que la Société peut recourir non-seulement contre les associés, mais encore contre le tiers qui sont propriétaires *d'obligations* taxées.

Je termine ici ce rapide aperçu : il suffira, j'espère, pour faire entrevoir les rapports des lois fiscales avec la Société en commandite par actions. Mais, fût-il cent fois plus étendu il ne saurait suppléer à l'expérience des praticiens dans les questions épineuses de l'enregistrement.

—•◉•—

POSITIONS RELATIVES AU DROIT ROMAIN.

1. — La commandite par intérêts est mentionnée par les Instilutes, mais non revêtue d'un nom propre.

2. — On peut facilement expliquer pourquoi le Droit si savant de Rome est presque muet sur la commandite.

3. — Quand le contrat gardait le silence sur les parts des associés, elles étaient d'une *égalité absolue.*

4. — Le législateur français a bien fait de remplacer ces parts égales par des parts proportionnelles aux apports.

5. — Mais le droit français s'est écarté à tort du droit romain en annulant la Société quand un associé est dispensé de toute contribution aux pertes.

6. — Il a commis une innovation plus malheureuse encore en validant d'une manière générale la clause qui admet dans la Société l'héritier inconnu de l'associé qui mourra le premier.

7. — Le fragment 26 *pro socio* et le fragment 11 *negotiorum gestorum*, au digeste, *peuvent être conciliés*.

8. — Que la Société fût universelle ou particulière, l'associé poursuivi par son coassocié était condamné seulement *in id quod facere poterat*.

9. — Ce bénéfice de compétence dont jouissait l'associé différait du bénéfice de compétence accordé au donateur.

10. — Dans l'hypothèse du fragment 69 *pro socio*, on peut justifier le concours de l'action *pro socio* et de l'action *ex vendito*.

11. — L'action *pro socio* et l'action *communi dividundo* pouvaient aussi concourir; mais l'une procurait seulement ce que l'autre n'avait pas donné.

12. — Les Sociétés romaines figuraient avec raison parmi les *contrats consensuels;* mais le législateur moderne aurait tort de ranger parmi ces contrats la Société en commandite par actions.

POSITIONS RELATIVES AU DROIT FRANÇAIS.

1. — Pour qu'une femme mariée accepte le rôle de commanditée, l'autorisation générale de faire le commerce ne suffit pas : il faut une *autorisation spéciale.*

2. — Le tribunal ne peut pas donner cette autorisation quand le mari la refuse.

3. — Un mandataire peut représenter dans l'assemblée générale un actionnaire absent, mais non plusieurs actionnaires.

4. — Les associés peuvent, nonobstant la suppression de l'arbitrage forcé, stipuler dans le contrat que leurs différends seront jugés par des arbitres, qui seront désignés par les parties ou par le tribunal de commerce après la naissance de chaque contestation.

5. — Un actionnaire ne peut pas causer par sa renonciation la dissolution de la Société.

6. — Le partage des biens qui appartiennent à une Société en commandite par actions est déclaratif, et non translatif de droits.

7. — Cet effet déclaratif remonte, non à la naissance de la Société, mais à sa dissolution.

8. — Le retrait successoral ne doit pas être appliqué au partage des biens qui appartenaient à une Société en commandite par actions.

9. — Les associés solidairement responsables ont seuls le droit d'invoquer la prescription de cinq ans, et ils ne peuvent l'opposer qu'aux créanciers de la personne morale.

10. — Mais la qualité de liquidateur, jointe à celle d'associé, n'empêche pas d'alléguer, comme associé, la prescription de cinq ans.

11. — Les créanciers d'une Société en commandite par actions ont une action directe pour contraindre les commanditaires à verser leurs mises respectives.

12. — Mais ces créanciers ne peuvent pas, quand la Société est devenue insolvable, forcer les actionnaires à rapporter les dividendes reçus de bonne foi.

Vu par le président de la thèse,
E. BONNIER.

Vu par le doyen,
C.-A. PELLAT

LOI

DU 17 JUILLET 1856

SUR LES

SOCIÉTÉS EN COMMANDITE PAR ACTIONS

Promulguée le 23 Juillet 1856.

————◦◦◦————

Article premier. — Les Sociétés en commandite ne peuvent diviser leur capital en actions ou coupons d'actions de moins de cent francs lorsque ce capital n'excède pas deux cent mille francs, et de moins de cinq cents francs lorsqu'il est supérieur.

Elles ne peuvent être définitivement constituées qu'après la souscription de la totalité du capital social et le versement par chaque actionnaire du quart au moins du montant des actions par lui souscrites.

Cette souscription et ces versements sont constatés par une déclaration du gérant dans un acte notarié.

A cette déclaration sont annexés la liste des souscripteurs, l'état des versements faits par eux, et l'acte de Société.

Art. 2. — Les actions des Sociétés en commandite sont nominatives jusqu'à leur entière libération.

Art. 3. — Les souscripteurs d'actions dans les Sociétés en commandite sont, nonobstant toute stipulation contraire, responsables du payement du montant total des actions par eux souscrites.

Les actions ou coupons d'actions ne sont négociables qu'après le versement des deux cinquièmes.

Art. 4. — Lorsqu'un associé fait dans une Société en commandite par actions, un apport qui ne consiste pas en numéraire, ou stipule à son profit des avantages particuliers, l'assemblée générale des actionnaires en fait vérifier et apprécier la valeur.

La Société n'est définitivement constituée qu'après approbation da nsune réunion ultérieure de l'assemblée générale.

Les délibérations sont prises par la majorité des actionnaires présents. Cette majorité doit comprendre le quart des actionnaires, et représenter le quart du capital social en numéraire.

Les associés qui ont fait l'apport ou stipulé les avantages soumis à l'appréciation de l'assemblée, n'ont pas voix délibérative.

Art. 5. — Un Conseil de surveillance, composé de cinq actionnaires au moins, est établi dans chaque Société en commandite par actions.

Ce Conseil est nommé par l'assemblée générale des actionnaires immédiatement après la constitution définitive de la Société, et avant toute opération sociale.

Il est soumis à la réélection tous les cinq ans au moins : toutefois, le premier Conseil n'est nommé que pour une année.

Art. 6. — Est nulle et de nul effet, à l'égard des intéressés, toute Société en commandite par actions constituée contrairement à l'une des prescriptions énoncées dans les articles qui précèdent.

Cette nullité ne peut être opposée aux tiers par les associés.

Art. 7. — Lorsque la Société est annulée aux termes de l'article précédent, les membres du Conseil de surveillance peuvent être déclarés responsables, solidairement et par corps avec les gérants, de toutes les opérations faites postérieurement à leur nomination.

La même responsabilité solidaire peut être prononcée contre ceux des fondateurs de la Société qui ont fait un apport en nature, ou au profit desquels ont été stipulés des avantages particuliers.

Art. 8. — Les membres du Conseil de surveillance vérifient les livres, la caisse, le portefeuille et les valeurs de la Société.

Ils font, chaque année, un rapport à l'assemblée générale sur les inventaires et sur les propositions de distribution de dividendes faites par le gérant.

Art. 9. — Le Conseil de surveillance peut convoquer l'assemblée générale. Il peut aussi provoquer la dissolution de la Société.

Art. 10. — Tout membre d'un Conseil de surveillance est responsable avec les gérants, solidairement et par corps :

1° Lorsque, sciemment, il a laissé commettre dans les inventaires des inexactitudes graves, préjudiciables à la Société ou aux tiers ;

2° Lorsqu'il a, en connaissance de cause, consenti à la distribution de dividendes non justifiés par des inventaires sincères et réguliers.

Art. 11. — L'émission d'actions ou de coupons d'actions d'une Société constituée contrairement aux articles 1 et 2 de la présente loi, est punie d'un emprisonnement de huit jours à six mois, et d'une amende de cinq cents francs à dix mille francs, ou de l'une de ces peines seulement.

Est puni des mêmes peines le gérant qui commence les opérations sociales avant l'entrée en fonctions du Conseil de surveillance.

Art. 12. — La négociation d'actions ou de coupons d'actions dont la valeur ou la forme serait contraire aux dispositions des articles 1 et 2 de la présente loi, ou pour lesquels le versement des deux cinquièmes n'aurait pas été effectué conformément à l'article 3, est puni d'une amende de cinq cents francs à dix mille francs.

Sont punies de la même peine toute participation à ces négociations et toute publication de la valeur desdites actions.

Art. 13. — Sont punis des peines portées par l'article 405 du Code pénal, sans préjudice de l'application de cet article à tous les faits constitutifs du délit d'escroquerie :

1° Ceux qui, par simulation de souscriptions ou de versements ou par la publication faite de mauvaise foi de souscriptions ou de versements qui n'existent pas, ou de tous autres faits faux, ont obtenu ou tenté d'obtenir des souscriptions ou des versements ;

2° Ceux qui, pour provoquer des souscriptions ou des versements, ont, de mauvaise foi, publié les noms de personnes désignées, contrairement à la vérité, comme étant ou devant être attachées à la Société à un titre quelconque;

3° Les gérants qui, en l'absence d'inventaires ou au moyen d'inventaires frauduleux, ont opéré entre les actionnaires la répartition de dividendes non réellement acquis à la Société.

L'article 463 du Code pénal est applicable aux faits prévus par le présent article.

Art. 14. — Lorsque les actionnaires d'une Société en commandite par actions ont à soutenir collectivement et dans un intérêt commun, comme demandeurs ou comme défendeurs, un procès contre les gérants ou contre les membres du Conseil de surveillance, ils sont représentés par des commissaires nommés en assemblée générale.

Lorsque quelques actionnaires seulement sont engagés comme demandeurs ou comme défendeurs dans la contestation, les commissaires sont nommés dans une assemblée spéciale composée des actionnaires parties au procès.

Dans le cas où un obstacle quelconque empêcherait la nomination des commissaires par l'assemblée générale ou par l'assemblée spéciale, il y sera pourvu par le tribunal de commerce, sur la requête de la partie la plus diligente.

Nonobstant la nomination des commissaires, chaque actionnaire a le droit d'intervenir personnellement dans l'instance, à la charge de supporter les frais de son intervention.

Art. 15. — Les Sociétés en commandite par actions actuellement existantes, et qui n'ont pas de conseil de surveillance, sont tenues, dans le délai de six mois, à partir de la promulgation de la présente loi, de constituer un conseil de surveillance.

Ce conseil est nommé conformément aux dispositions de l'article 5.

Les conseils déjà existants et ceux qui sont nommés en exécution du présent article exercent les droits et remplissent les obligations déterminés par les articles 8 et 9; ils sont soumis à la responsabilité prévue par l'article 10.

A défaut de constitution du conseil de surveillance dans le délai ci-dessus fixé, chaque actionnaire a le droit de faire prononcer la dissolution de la Société. Néanmoins, un nouveau délai peut être accordé par les tribunaux, à raison des circonstances.

L'article 14 est également applicable aux Sociétés actuellement existantes.

TABLE DES MATIÈRES.

PARIS. — IMPRIMERIE DE W. REMQUET ET Cie,
rue Garancière, 5, derrière Saint-Sulpice.

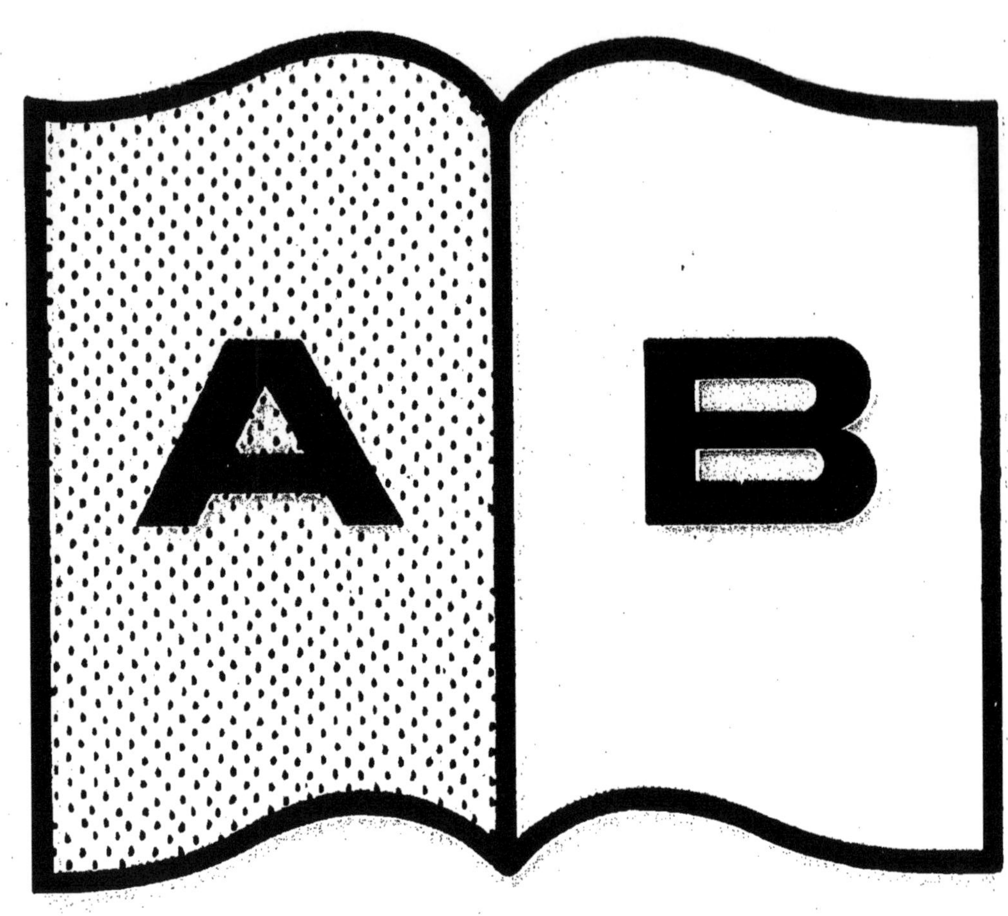

Contraste insuffisant

NF Z 43-120-14